Die niederdeutsche Sprachgeschichte und
das Deutsch von heute

Dieter Stellmacher

Die niederdeutsche Sprachgeschichte und das Deutsch von heute

Bibliografische Information der Deutschen Nationalbibliothek
Die Deutsche Nationalbibliothek verzeichnet diese Publikation
in der Deutschen Nationalbibliografie; detaillierte bibliografische
Daten sind im Internet über http://dnb.d-nb.de abrufbar.

ISBN 978-3-631-67548-9 (Print)
E-ISBN 978-3-653-07005-7 (E-PDF)
E-ISBN 978-3-631-71176-7 (EPUB)
E-ISBN 978-3-631-71177-4 (MOBI)
DOI 10.3726/978-3-653-07005-7

© Peter Lang GmbH
Internationaler Verlag der Wissenschaften
Frankfurt am Main 2017
Alle Rechte vorbehalten.
Peter Lang Edition ist ein Imprint der Peter Lang GmbH.

Peter Lang – Frankfurt am Main · Bern · Bruxelles ·
New York · Oxford · Warszawa · Wien

Das Werk einschließlich aller seiner Teile ist urheberrechtlich
geschützt. Jede Verwertung außerhalb der engen Grenzen des
Urheberrechtsgesetzes ist ohne Zustimmung des Verlages
unzulässig und strafbar. Das gilt insbesondere für
Vervielfältigungen, Übersetzungen, Mikroverfilmungen und die
Einspeicherung und Verarbeitung in elektronischen Systemen.

Diese Publikation wurde begutachtet.

www.peterlang.com

Inhaltsverzeichnis

1. Abstracts 7
2. Sprache und Sprachen: die sprachliche Vielfalt 9
3. Sprache und Geschichte: das Beispiel Niederdeutsch ... 27
4. Sprache und Sprachgemeinschaft: die Sprachloyalität ... 47
5. Deutsch und Niederdeutsch heute:
   Dialektisierungen und Standardisierungen 55
   5.1. Deutsch und Wissenschaftssprache 59
   5.2. Niederdeutsch und Kirchensprache 66
6. Zusammenfassung und Ausblick 73
7. Literaturverzeichnis 77

1. Abstracts

Zu den festen Überzeugungen vieler Norddeutscher gehört es, dass Niederdeutsch kein Dialekt, sondern eine Sprache ist. Soll darauf wissenschaftlich reagiert werden, dann ist von der grundsätzlichen sprachlichen Heterogenität und den damit zusammenhängenden Statusverschiedenheiten auszugehen. Sprachgeschichtlich äußert sich das in den sich wechselseitig bedingenden Prozessen von sprachlicher Integration, was Sprachausbau, Standardisierung bedeutet, und sprachlicher Differentiation, was Sprachabbau, Destandardisierung/Dialektisierung zur Folge hat. Dieser Zusammenhang kann als ein sprachgeschichtliches Grundgesetz verstanden werden, an der Geschichte des Niederdeutschen lässt er sich einsichtig darstellen. Ergänzt wird das mit Beispielen aus Luxemburg und Belgien für die Standardisierung des Moselfränkischen und des Südniederländischen. Destandardisierende Tendenzen lassen sich am heutigen Deutschen beobachten, Funktionsverluste der deutschen Wissenschaftssprache veranschaulichen sie ebenso wie die Schwierigkeiten, die die Auslandsgermanistik damit hat.

Die in diesen Vorgängen deutlich werdende sprachgeschichtliche Dialektik hilft, sowohl die Veränderungen im Gegenwartsdeutschen nicht einfach als Sprachverfall abzutun als auch die Sinnhaftigkeit sprachkultureller Arbeit an Dialekten zu verstehen.

Many northern Germans are firmly convinced that Low German is not a dialect, but a language. From the standpoint of linguistic scholarship, the basic linguistic heterogeneity of Low German and the divergent status of its various forms must be considered. With respect to the history of Low German, this diversity manifests itself in the interdependent processes of linguistic integration, which lead to linguistic extension and/or standardization and linguistic differentiation, which leads to a linguistic breakdown in the form of destandardization and/or a reduction into dialects. These two processes may be understood as integral parts of a basic law of linguistic theory which can be clearly demonstrated through an examination of the history of Low German. This perusal can be enhanced with examples from Luxemburg and Belgium for the standardization of Mosel Franconian and Southern Netherlandic (Flemish Dutch). Tendencies to destandardization may be observed in present-day German; this is demonstrated by the functional decline of German as a language of scholarship and scientific research and the accompanying problems for German teaching and scholarship outside Central Europe. From the standpoint of historical linguistics these contrasting processes of evolution and devolution demonstrate that the changes in present-day German cannot simply be shunted aside as examples of linguistic decline and that the socio-linguistic and cultural aspects of dialect research are meaningful and import.

2. Sprache und Sprachen: die sprachliche Vielfalt

Eine Sprache ist viele Sprachen
(Mario Wandruszka 1979)

Was Sprache ist, weiß jeder oder glaubt es zu wissen. Auch dass darunter vieles verstanden werden kann: Die menschliche Fähigkeit, in einer oder in mehreren Sprachen zu handeln sowie die Art und Weise, das zu tun, z. B. in der Wahl des Tonfalls. So wird durch die Sprache die Identität des Menschen geprägt – oder wie es in der Bibel, in der Verleumdungsszene des Petrus (Matthäus 26, 73) heißt: „deine Sprache verrät dich". Moderne niederdeutsche Übersetzungen reden hier nicht von *Sprache,* sondern von *Mundaart, Tungenslag, Utspraak,* von Sprachauffälligkeiten also, was auch an anderen Übersetzungen biblischer Texte zu beobachten ist.

Um die Thematik möglichst authentisch darzustellen, wird in dieser Schrift viel und länger zitiert werden, um zweierlei zu belegen: 1. die Traditionslinie des sprachgeschichtlichen Grundgesetzes, 2. wie es zu verschiedenen Zeiten verstanden und begründet worden ist. Die Zitate wie auch das umfangreicher angelegte Literaturverzeichnis entsprechen der Intention des ZOOM-Formats, nämlich auf einen (wissenschaftlichen) Sachverhalt aufmerksam zu machen und Wege zu einer weiteren und vertieften Beschäftigung mit ihm zu weisen.

Die auf das System der Sprache bezogene Wissenschaft hat mit der von Ferdinand de Saussure (1857–1913) formulierten Trias von allgemeiner Sprachfähigkeit *(le langage),* konkreter Einzelsprache *(la langue)* und ihrer aktuellen Realisierung *(la parole)* das Grundmuster für die Sprachbestimmung beschrieben (de Saussure 2001, Kap. III §1). Demzufolge lautet ihre Definition in einem modernen Lexikon:

„Sprache: Auf kognitiven Prozessen basierendes, gesellschaftlich bedingtes, historischer Entwicklung unterworfenes Mittel zum Ausdruck bzw. Austausch von Gedanken, Vorstellungen, Erkenntnissen und Informationen sowie zur Fixierung und Tradierung von Erfahrung und Wissen. In diesem Sinn bezeichnet S.(prache) eine artspezifische, dem Menschen eigene Ausdrucksform, die sich durch Kreativität, die Fähigkeit zu begrifflicher Abstraktion und die Möglichkeit zu metasprachlicher Reflexion von anderen Kommunikationssystemen unterscheidet" (Bußmann 2008, S. 643).

Nachfolgend geht es aber nicht um Sprache im Allgemeinen, sondern um die angestammte Sprache Norddeutschlands, ihre Geschichte und was daraus für die Einschätzung der gegenwärtigen deutschen Sprachsituation gelernt werden kann, die anschließenden Kapitel werden das ausführen. An dieser Stelle soll die Graphik eines Sprachformenmodells zentrale Arbeitsbegriffe veranschaulichen. Jeder derartige Versuch einer Formalisierung hat – entgegen der im allgemeinen Wissen (dazu Stellmacher 1977) verbreiteten Auffassung der sprachlichen Homogenität – von der Heterogenität der Sprache in strukturellem, geographischem, sozialem, funktionalem und medialem Bezug auszugehen. Nur in abstraktem Sinne ist es zulässig, von Sprache in der Einzahl zu reden, wenn etwa die Philosophie das Verhältnis von *Sprache* und *Bewusstsein* zu bestimmen sucht, wie in diesem Zitat aus dem 19. Jahrhundert: „Die Sprache ist so alt wie das Bewußtsein – die Sprache *ist* das praktische [...] Bewußtsein, und die Sprache entsteht, wie das Bewußtsein, erst aus dem Bedürfnis, der Notdurft des Verkehrs mit anderen Menschen" (Marx / Engels 1845/46, S. 30).

Die Sprachwissenschaft hat das Fragen nach dem, was die Sprache ausmacht, nie aufgegeben. Von verschiedener Seite aus ist versucht worden, ihrem Wesen auf die Spur zu kommen. Im Ergebnis dessen finden sich in den Sprachdefinitionen anthropologische, physiologische, philosophische, psychologische, systematische und ästhetische Definientia.

Einer Sprachdefinition, die „den wesentlichen Inhalt der Sprache erschöpfend" darstellt, muss „eine Synthese zwischen äusserer Form und inneren Gehalt der Sprache (gelingen), indem sie die Zeichenfunktion mit den spezifisch intendierten Sprachhandlungen verbindet" (Révész 1946, S. 151 ff.). Das sieht Géza Révész (1878–1955) in dieser Definition erfüllt:

> „Unter Sprache ist das Mittel zu verstehen, durch welches zum Zwecke der gegenseitigen Verständigung, des geordneten Denkens, des sinnvollen Gestaltens der Wahrnehmungen, der Selbstbesinnung und des Ausdrucks des inneren Lebens – mit Hilfe einer Anzahl artikulierter und in verschiedenen Sinnverbindungen auftretenden symbolischen Zeichen – Forderungen und Wünsche zum Ausdruck gebracht, Tatbestände der inneren und äusseren Wahrnehmung angezeigt, Denkinhalte formuliert und Fragen zur Veranlassung von Mitteilungen und der Selbstkontrolle gestellt werden" (Révész 1946, S. 153).

Vergleichend dazu führt Révész weitere Sprachdefinitionen an, bei denen die oben genannten Definientia in unterschiedlicher Schwerpunktsetzung verwendet worden sind: Sprechen, Zeichensystem und Denksubstrat, in weitestem Sinne Kommunikationsmittel (siehe die Definition von Dittrich).

> „EBBINGHAUS: ‚Sprache ist ein System von konventionellen Zeichen, die jederzeit willkürlich erzeugt werden können'; DITTRICH: ‚Die Sprache ist die Gesamtheit aller Ausdrucksleistungen der menschlichen bzw. tierischen Individuen, sofern sie von mindestens einem anderen Individuum zu verstehen gemacht werden'; EISLER: ‚Sprache ist jeder Ausdruck von Erlebnissen eines beseelten Wesens'; B. ERDMANN: ‚Die Sprache ist nicht eine Art der Mitteilung von Gedanken, sondern eine Art des Denkens; das aussagende oder formulierte Denken. Die Sprache ist ein Werkzeug, und

zwar das uns als Menschen eigene Werkzeug oder Organon des Denkens'; FRÖBES: ‚Die Sprache ist eine geordnete Folge von Worten, worin der Sprecher seine Gedanken ausdrückt in der Absicht, dass der Zuhörer sie kennenlernt'; J. HARRIS: ‚Words are the symbols of ideas both general and particular; yet of the general, primarily, essentially and immediately; of the particular, only secondarily, accidentally and mediately'; HEGEL: ‚Die Sprache ist die Tat der theoretischen Intelligenz im eigentlichen Sinne, denn sie ist die äußerliche Äußerung derselben'; JESPERSEN: ‚Die Sprache ist eine menschliche Handlung mit dem Zweck der Mitteilung von Gedanken und Gefühlen'; JODL: ‚Wortsprache heißt die Fähigkeit der Menschen, mittels mannigfach kombinierter, auf einer beschränkten Anzahl von Elementen beruhender Klänge und Laute die Gesamtheit seiner Wahrnehmungen und Vorstellungen in diesem natürlichen Tonmaterial so abzubilden, dass dieser psychische Verlauf bis in seine Einzelheiten anderen Menschen verständlich und deutlich wird'; KAINZ: ‚Die Sprache ist ein Gefüge von Zeichen, mit deren Hilfe sich eine Darstellung von Sinn- und Sachverhalten bewerkstelligen läßt, so zwar, dass sie nicht Gegenwärtiges, ja sinnlich überhaupt nicht Faßbares zu repräsentieren vermag'; DE LAGUNA: ‚Speech is the great medium through which human cooperation is brought about'; MARTY: ‚Die Sprache ist jede absichtliche Äußerung von Lauten als Zeichen psychischer Zustände'; PILLSBURY-MEADER: ‚Language is means or instrument for the communication of thought, including ideas and emotions'; DE SAUSSURE: ‚Die Sprache ist ein System von Zeichen, die Ideen ausdrücken'; SCHUCHARDT: ‚Das Wesen der Sprache liegt in der Mitteilung'; CROCE: ‚Die Sprache ist artikulierter, umgrenzter, für den Zweck der Expression organisierter Laut'; SAPIR: ‚Language is a purely human and non-instinctive method of communication ideas, emotions and desires by means of a system of voluntary produced symbols'" (Révész 1946, S. 153 f.; vgl. die modifizierte Wiedergabe dieser Aufstellung in Ammer 1958, S. 3 f.).

Wie der Mensch und seine Gesellschaftssysteme, so hat auch die Sprache ihre Geschichte. Ein Ergebnis geschichtlicher Sprachformung ist die Normierung einer Sprachform, die als standardsprachliche Leitvarietät alle mit ihr verwandten Nichtstandardsprachen in einem nationalsprachlichen Dia- oder Polysystem überdacht. Meist ist sie es, die auch als Schriftsprache fungiert, als für die Fernkommunikation unerlässliche Distanzsprache gegenüber den vorwiegend mündlich realisierten und nichtstandardisierten Nähesprachen (Koch/ Oesterreicher 2011). Die als solche verwendeten Dialekte oder Gruppensprachen erhalten, eben weil sie Mittel vertrauter Kommunikation sind, Zuschreibungen wie *heimatlich, humorvoll, gemütlich, typisch Norddeutsch* (Jürgens 2015) oder dialektales Sprechen wird gar als eine „Art Wahrheitsgarantie" (Lötscher 1983, S. 195) empfunden. Das alles sind positive Symbolwerte, die mit den Distanzsprachen so nicht verbunden werden.

Dabei ist bewusst zu halten, dass die eine „Einheitssprache" suggerierenden Normierungen erst im 18. Jahrhundert einsetzen, sodass in der 1000-jährigen Geschichte unserer Sprachen einer etwa 200-jährigen Standardsprachlichkeit 800 Jahre „ungeregelter" Sprachgebrauch gegenübersteht. Dennoch gilt, dass alle „Sprachepochen [...] nach einer solchen einheitlichen Sprache (streben) – eine Teleologie [...] von etwa tausendjähriger Dauer" (Knoop 1987, S. 12), die aber keine Geradlinigkeit darstellt, sondern als ein Sprachgeschichtsprozess mit auf- und absteigenden Phasen, den das sprachgeschichtliche Grundgesetz zu beschreiben versucht.

Das hier folgende Sprachformenmodell ist auf ein nationalsprachliches Gesamtsystem bezogen, z. B. auf das Deutsche, zu dem auch das Neuniederdeutsche gezählt wird. Das unterschlägt nicht die Möglichkeit, Niederdeutsch seiner Struktur und Geschichte nach auch zum

Niederländischen zu rechnen, d. h. in das niederländische nationalsprachliche Diasystem einzuordnen. Das verbietet sich allein dadurch, dass das Neuniederdeutsche vom Standarddeutschen und nicht dem *Algemeen Nederlands* überdacht wird. Ulrich Ammon hat das bei der Berücksichtigung des Niederdeutschen im Zusammenhang mit seiner Untersuchung zur „Stellung der deutschen Sprache in der Welt" damit begründet:

> „Jedoch gibt es keine Standardvarietät des Niederdeutschen, sondern wird dieses vom (hochdeutschen) Standarddeutsch überdacht. Aufgrund der – auch für Laien noch erkennbaren – linguistischen Ähnlichkeit, also mittlerer Ähnlichkeit, mit dem Standarddeutsch Deutschlands ist Niederdeutsch daher nach unseren Kriterien Teil der deutschen Sprache" (Ammon 2015, S. 121).

Das Sprachformenmodell zeigt die Standardsprache und die von ihr überdachten Substandardvarietäten (die regionalen Dialekte, die sozial bestimmten Fach- und Gruppensprachen) sowie die sich aus ihnen im Spracherwerb und im Kommunikationsakt ergebenden, mündlich oder schriftlich realisierten sprachlichen Aktionsformen. Die Aktionsformen verdeutlichen am klarsten die beiden Kommunikationsaspekte, nämlich den Inhalts- und den Beziehungsaspekt. Jener „vermittelt die ‚Daten', (dieser) weist an, wie diese Daten aufzufassen sind" (Watzlawick et al. 1974, S. 55).

Die Abkürzungen stehen für diese Varietäten bzw. Sprachformen (*Varietät* und *Sprachform* werden hier als Synonyme verstanden):

S_N = nationalsprachliches Dia-/Polysystem = *Nationalsprache*
S_D = sprachliche Existenzform *Dialekt*
S_{St} = sprachliche Existenzform *Standardsprache*

S_{So} = sprachliche Existenzform *Sondersprache (Fach- und Gruppensprache)*
S_A = aktualisierte Sprachform *(sprachliche Aktionsform)*
m = mündliche Sprachrealisation
s = schriftliche Sprachrealisation

Die gebogenen Pfeile verweisen auf Interferenzmöglichkeiten, die geraden Pfeile auf die Entscheidung der Sprecher/Schreiber im Sender-Empfänger-Modus für eine Existenzform in der Sprachkommunikation (zu *Sprachformen* vgl. auch Stellmacher 1981).

Abbildung 1: Das Sprachformenmodell

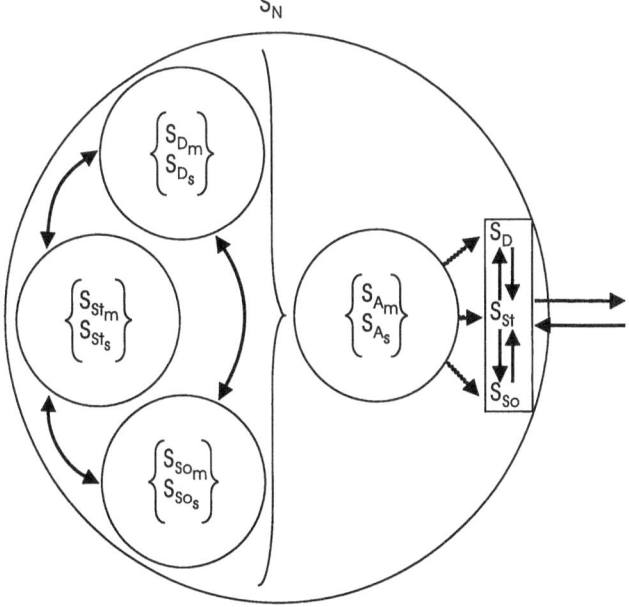

(*Quelle*: Stellmacher 2000, 93)

Bei der wissenschaftlichen Bearbeitung der sprachlichen Vielgestaltigkeit lassen sich zwei Richtungen unterscheiden: ein varietätenlinguistischer Ansatz wie traditionell von der Germanistik und in der Romanistik bevorzugt; gibt es doch „innerhalb einer Sprache […] ein Gefüge van Varietäten […], das für die beobachtbare sprachliche Heterogenität verantwortlich ist". Die angloamerikanische Forschung präferiert dagegen einen variationslinguistischen Ansatz, wonach „das sprachliche System selbst als punktuell variabel angesehen" wird (Auer 2012, S. 7). Das Sprachformenmodell folgt dem varietätenlinguistischen Ansatz.

In der einschlägigen Wissenschaft hat sich für die in einem Diasystem zusammengefassten Sprachen der Terminus *Varietät* durchgesetzt. Davon lassen sich zur Zeit 21 unterschiedliche Fassungen finden (Zeitschrift für Dialektologie und Linguistik 78, 2011, S. 79). Ihr zentraler Bezugspunkt ist die sprachliche Heterogenität. Demzufolge wird für Standardsprache heute auch vermehrt *Standardvarietät* gesagt, also die Vorstellung von einem homogenen Standard, wie ihn noch der *Standardismus* vertritt (Maitz 2015), relativiert. Neu ist das nicht, schon 1890 hat Edward S. Sheldon konstatiert, dass die „sogenannte Standardsprache […] keine […] unfehlbare Norm (ist), sondern sie wandelt sich ständig […] und ist unterschiedlich an den verschiedenen Orten, wo sie gesprochen wird" (Sheldon 1976, S. 31).

Der von mir bevorzugte Terminus *Sprachform,* die Kurzfassung von *sprachlicher Existenzform,* versteht sich als Oberbegriff der „gesamten Skala an Möglichkeiten sprachlicher Differenzierung" (Ising 1974, S. 14). Im Unterschied zu *Varietät* lässt das Grundwort an Geformtes denken und ist damit ein sinnfälliger Ausdruck für lebendiges Sprachverhalten im Kommunikationsgeschehen und scheint mir für die Erklärung der niederdeutschen Sprachsituation ein angemessenes Modell zu sein. Die Begründung dafür liefert die niederdeutsche Sprachgeschichte mit ihren Entwicklungsstufen von der *Sachsensprache* über die *Hansesprache* bis zum *Plattdeutschen* (dazu Kapitel 3). In dem Mythos von der niederdeutschen *Sprache*, nicht *Dialekt*, lebt diese Geschichte fort – und nicht ohne Grund.

Der Wechsel vom Basisdialekt zur Standardsprache geschieht im Norden über einen bewussten Sprachenwechsel (*Codeswitching*). Bei den mittel- und oberdeutschen Dialekten führt der Weg über eine „Stufenleiter". Dementsprechend gilt die norddeutsch-niederdeutsche Zweisprachigkeit als eine Form der Diglossie, die mittel- und süddeutsche als Diaglossie.

So können im Hessischen vom Basisdialekt (= a) über die Verkehrssprache (= b), die Umgangssprache (= c) bis zur Standardsprache (= d) vier Stufen unterschieden werden:

(a) *Dii aale Huinger huu die läsde Howwer gefreasse*
(b) *Dii aale Hinner hawwe den letzte Hawwer gefresse*
(c) *Dii alte Hüüner hawwe den letzten Hafer gefresse*
(d) *Dii alten Hühner haben den letzten Hafer gefressen*
(Friebertshäuser 1987, S. 20).

Die Stufung unterhalb der Standardsprache wird in der modernen Sprachgermanistik als „Substandard" aufgefasst. Dabei zeigen sich z. B. im Moselfränkischen zwischen dem Basisdialekt und dem Standard diese Stufen: *Regionaldialekt, unterer regionaler Substandard, oberer regionaler Substandard, Regionalakzent* (Lenz 2003).

Doch auch in der diglossischen niederdeutschen Sprachsituation ist ein „Varietäten-Mixing" zu beobachten, was das Sprachformenmodell mit den gebogenen Pfeilen zwischen den Sprachformen anzudeuten versucht. Zur Veranschaulichung folgt die (literarische) Verschriftung eines Gesprächs zwischen einem Bauern (B) und einem Viehhändler (V), das ich im Rahmen einer soziolinguistischen Untersuchung in der niedersächsischen Kreisstadt Osterholz-Scharmbeck aufgenommen habe. Die niederdeutschen Gesprächsteile sind in der Verschriftung unterstrichen worden; unterblieben ist das da, wo der standardsprachliche auslautende Plosiv nicht realisiert wird, wie in *nich* ‚nicht', was zwar niederdeutsch ist, aber auch nahezu obligatorisch in der gesprochenen (Standard-)Sprache gehört werden kann (Stellmacher 1977):

> B: *das gibt's doch gar nich anders / das gibt's doch gar /<u>wat / wat</u> [...] <u>ferkelring is dat is dat</u> malheur...*
> V: *normalerweise must du se 35 bis 37 pfund / <u>dat</u> gewicht nich / 35 bis 37 pfund / un denn mussten se normal wie's an für sich sein sollte / nich / muss du [...] spritze machen / muss du wurmkur machen*
> B: *<u>dat heb ik al mokt</u>*
> V: *un die müssen abgesetzt sein*
> B: *un müssen abgesetzt sein*
> V: *müssen abgesetzt sein*
> B: *na ja wenn i[...] absetze <u>ik</u> [...] besser wenn ich die nun morgen ab[...] <u>wechnehm du</u> / denn is da <u>ok</u> noch <u>kien grot</u> malheur / <u>ik meen dat ander heb ik al mokt</u> dann / <u>heb in se'n lüttschen beten water kregen</u>*
> V: *wurmkur habt ihr auch gemacht*
> B: *<u>jo jo</u>*
> V: *deshalb sind die diesmal auch so weit raus / nich*
> B: *<u>jo</u>*
> V: *letzmal da [...] warn anders*
> B: *<u>dorum</u> weil <u>wi letzte mal</u> / <u>al twee mol</u> [...] <u>mut wat</u> unternehm / irgendwas / liecht da drin / un nu <u>heff wi se</u> ganz futtert / sons <u>/ het se ok al mol son beten</u> umstellt / nich / heb bloß <u>dat dat</u> sauenfutter von garbe un heilshorn <u>nohm</u> / un äh / [...] wurmkur <u>mokt</u> die <u>weken</u> sogor <u>twee</u> mal ne wurmkur <u>mokt</u> / un*
> V: *sieht's ja*

Auf den ersten Blick wird hier schon deutlich, dass der Bauer mehr Niederdeutsches verwendet als der Viehhändler. Will man wissen, was niederdeutsch realisiert wird und mit welcher Konsequenz, dann bietet sich eine Variablenanalyse an. Dabei werden die Varianten einer Variable, hier in der Verteilung von Niederdeutsch und Hochdeutsch (= Standarddeutsch) ermittelt und auf ihre Vorkommenshäufigkeit hin untersucht. Ein solcher Fall ist die aktionsformale Realisation des auslautenden Konsonanten als *t* (= niederdeutsch) und *s* (= hochdeutsch) in diesen Wörtern des Textes: *dat/das, (e)t/(e)s, wat/was, grot/groß, mutt/muss, blot/bloß, rut/raus*. Werden die jeweiligen nieder- und hochdeutschen Realisierungen durch das Gesamt der Vorkommensfälle geteilt, dann hat der Bauer in den 17 Fällen zwölf nieder- und fünf hochdeutsche Realisierungen; der Viehhändler bei sechs infrage kommenden Fällen eine nieder- und fünf hochdeutsche. Das ergibt auf der Skala 0 (= kein Niederdeutsch) und 1 (= ausschließlich Niederdeutsch) ein Dialektniveau von 0,7 bei dem Bauern und 0,16 bei dem Viehhändler, also eine eindeutige Verteilung der beiden Sprachen.

Würden sich die Berechnungen auf den Gesamtbereich der phonetisch-phonologischen und morphologischen Sprachebenen beziehen, dann ließe sich exakt angeben, wie sich das Sprachmischungsverhältnis darstellt und welche Folgen das für die beteiligten Sprachen haben kann (ausführlich zur Variablenanalyse in Texten wie dem obigen Stellmacher 1977; eine didaktische Aufbereitung dieser Thematik bietet Veith 2005).

Liegt in dem Gespräch eine geschäftlich-sachliche Kommunikation vor, so ist der folgende „gemixte" Text, ein Einladungsschreiben, das an alle Haushalte in dem niedersächsischen Dorf Wasbüttel/Kreis Gifhorn, gelegen im dialektschwachen Ostfalen, verteilt worden ist, ein Beispiel für die Verwendung von Nieder- und Hochdeutsch in „kulturdialektalem" (dazu Kapitel 4) Zusammenhang:

> *Leiwe Wassebüttelschen:*
> *Nu schall et losgohn mit dä ‚Zitlösiken'. Wi hät edacht, wi sett üsch tauhope un vatellt n betten plattdütsch. Et könn sien, wi krieget rut, wat ‚Zitlösiken' sünd.*
> *Wir laden hiermit alle Wasbüttler zum Sonntag, den 8. Juli 1979, 19.00 Uhr in die Gaststätte ‚Kastanienhof' (Keitel) herzlich ein, um in froher Runde plattdeutsch oder mundartlich miteinander zu sprechen.*
> *Wi dän üsch bannich freun, wenn veele komet. „De Zitlösiken ut Wassebüttel".*

Die vier Teile der Einladung bestehen aus drei niederdeutsch gehaltenen und einem hochdeutschen Teil. Hochdeutsch formuliert ist die formale Einladung mit den wichtigen Daten (Zeit, Ort), der Inhaltsaspekt. Niederdeutsch sind die freundliche Anrede, eine beschreibende Einführung und der herzlich gehaltene Schluss, der Beziehungsaspekt. Diese Verteilung belegt, dass die Wassebüttler zu unterscheiden wissen, in welchen Kommunikationssituationen die Standardsprache angebracht und in welcher eine eher informelle Sprachform angemessen ist. Beide haben ihre kommunikative Berechtigung, so lange diese Sprachformen den Menschen zur Verfügung stehen.

Texte dieser Art geben Einblick in die reale Sprachsituation, weil sie nicht auf die Elizitierung „echter Mundartlichkeit" beruhen, sondern, siehe oben, in den Passagen des Bauern im ersten Text eine niederdeutsch basierte Mündlichkeit wiedergeben. Sie bildeten das Material der traditionellen Umgangssprachenforschung. Seit einigen Jahrzehnten werden sie aber auch von modernen soziolinguistischen und sprachdynamischen Untersuchungen genutzt (zur sprachdynamischen Neufassung des dialektologischen Gegenstandes siehe Schmidt/Herrgen 2011), um den Anteil der den Standards nicht entsprechenden qualitativen Sprachmerkmale norddeutscher Regiolekte zu berechnen (Schröder/Elementaler 2009). Damit bezeugt die Koexistenz von Sprachen mit unterschiedlichem Status, hier von Niederdeutsch und Hochdeutsch, in spontanen Sprachäußerungen, den sprachlichen Aktionsformen, das, was als norddeutscher Substandard gelten kann. Zugleich wird deutlich, dass die unterschiedlichen Status den Sprachen ihre „Sprachlichkeit" nicht nehmen können, woran bei der Beantwortung der Frage „Niederdeutsch – Sprache oder Dialekt?" zu erinnern ist.

An den zitierten niederdeutschen Texten lassen sich auch unterschiedliche Sprachabsichten herauslesen, bei denen die moderne Linguistik zwischen *Codeswitching* (= funktional markiert) und *Codemixing* (= funktional unmarkiert) unterscheidet. Demnach ist der Einladungsbrief ein Beispiel für Codeswitching, es liegt ein bewusster Wechsel vor, das Verkaufsgespräch dagegen ein Beispiel für funktional nicht markiertes Codemixing.

Beispiele für Mischungen statusgleicher Sprachen bietet schon früh die Briefliteratur, etwa mit den Briefen Liselottes von der Pfalz (1652–1722), der aus Westmitteldeutschland stammenden, in Norddeutschland aufgewachsenen und in Frankreich lebenden Schwägerin Ludwigs XIV. 1682 schreibt sie ihrer Schwägerin Wilhelmine Ernestine, Kurfürstin von der Pfalz:

„Mit diesen verdrießlichen Historien aber will ich E.(euer) L.(ibden) nicht länger importuniren, denn ich bin persuadirt, dass E.L. auch selber mehr vonnöten haben, dass man sie von was entretenirt, was distrahiren kann, als an die misère dieser Welt zu gemahnen, die E.L. […] nur gar zu bekannt ist" (Haberl 1996, S. 75).

Solche Sprachmischungen waren in diesen Kreisen anscheinend verständlich. Gleichwohl repräsentieren die verwendeten Sprachen nicht Sprachen gleichen Ranges. Das Französische war zur Zeit Liselottes wie in der gesamten Ala-mode-Zeit vom Ende des 30-jährigen Krieges 1648 bis zum Beginn des 19. Jahrhunderts die (europäische) Prestigesprache. Als Ausdruck der Kultur des Hochadels bestimmte sie das maßgebende öffentliche Leben. Zugleich fungierte sie als Abgrenzungsmedium gegenüber den sog. einfachen Menschen mit ihren „Idiomen". Das blieb nicht unwidersprochen, verstärkte die Französierung des Lebens in Europa doch die Trennung zwischen Regierenden und Regierten, den herrschenden und den beherrschten Volksteilen. Die deutsche Literatur kennt für den aufklärerischen Protest gegen diese, die seinerzeitige Herrschaftsform stützende Sprachkonstellation eine sehr bekannte Stelle in Gotthold Ephraim Lessings Lustspiel „Minna von Barnhelm oder das Soldatenglück" (1767), nämlich das Gespräch zwischen dem „Fräulein" Minna und dem französischen Glücksritter Riccaut de la Martinique (Lachmann 1886, S. 28; Stellmacher 2013):

„Riccaut: Sie sprek nit Französisch, Ihro Gnad?
Das Fräulein: Mein Herr, in Frankreich würde ich es zu sprechen suchen. Aber warum hier? Ich höre ja, daß Sie mich verstehen, mein Herr. Und ich, mein Herr, werde Sie gewiß auch verstehen; sprechen Sie, wie es Ihnen beliebt.
Riccaut: Gutt, gutt! Ik kann auk mik auf Deutsch explicier".

Die Herausstellung einer Sprache und die Abwertung anderer war immer wieder ein Thema in der Literaturgeschichte des 18. und 19. Jahrhunderts. Das zeigt auch der Literaturstreit zwischen dem preußischen Sachsen Johann Christoph Gottsched (1700–1766) mit den Schweizern Johann Jakob Bodmer (1698–1783) und Johann Jakob Breitinger (1701–1776). Diese widersetzten sich im Laufe der Auseinandersetzung immer nachhaltiger der ostmitteldeutschen Sprachdominanz mit Hinweisen auf die Glanzpunkte oberdeutscher Dichtkunst im Hochmittelalter, denn, so ihr Hauptargument, das „Schweizerische sei älter als das Sächsische und der ursprünglichen Verfassung der deutschen Sprache näher" (Döring 2009, S. 73).

Im 19. Jahrhundert erreicht die Verachtung des Dialekts einen Höhepunkt. Einmal wurde er in der Literatur des „Jungen Deutschland" (1830 bis 1848) als großes Bildungshemmnis angesehen, sodass der einflussreiche Jungdeutsche Ludolf Wienbarg (1802–1872), er stammte aus Altona, 1834 seiner Aufklärungsschrift diesen Titel gab: *Soll die plattdeutsche Sprache gepflegt oder ausgerottet werden? Gegen Ersteres und für Letzteres* . Nach den für die demokratisch und republikanisch gesonnenen Kräfte enttäuschenden Ergebnissen der Revolution von 1848 änderte sich die Literaturauffassung. Der Gedanke an eine Nationalliteratur erschien unter den obwaltenden politischen Verhältnissen als nicht mehr realistisch, die Hinwendung zu einer volksnahen (auch in sprachlichem Sinne) Regionalliteratur lag im Trend der Zeit. Mit einem „Wort zu seiner Zeit" reagiert Wienbarg darauf 26 Jahre später in seiner differenziert argumentierenden Ausarbeitung zur *Plattdeutschen Propadande und ihren Aposteln* (Freimund 1860). Sein Fazit verrät ein weit vorausschauendes Verständnis von Sprache und Sprachgeschichte, Sprachennebeneinander und Sprachdemokratie:

> „Ein Volksdialekt und eine höhere Schrift- und Umgangssprache können vielmehr ebenso gut in Niedersachsen, wie noch sonst in der Welt, nebeneinander bestehen, falls sie beide nur in ihren vernünftigen Grenzen bleiben und sich nicht gegenseitig in ihren natürlichen Rechten zu beeinträchtigen suchen. Gegen das Plattdeutsche an sich […], das sich in seinen Grenzen hält und nicht höher strebt, als wozu es berechtigt ist, wird sich kein billig denkender und besonnener Mensch erklären […], sondern man muß nur verlangen, daß daneben eine gründliche Kenntniß des Hochdeutschen sich vorfinde,

weil ein Mensch mit Plattdeutsch allein nicht geistig bestehen kann, kurz, daß das Plattdeutsche in der durch die Geschichte und Verhältnisse ihm angewiesene Stellung verbleibe" (Freimund 1860, S. 17).

Was sprachliche Dominanz angeht, um die es in dem oben erwähnten Literaturstreit ging, davon ist auch in unserer Gegenwart viel zu hören, nicht nur im deutschsprachigen Raum. Den Engländern und US-Amerikanern, d. h. dem dominanten Englischen, wird ja ebenfalls Sprachimperialismus vorgeworfen. Nach Robert Phillipson ist eine „working definition of English linguistic imperialism [...] the dominance of English is asserted and maintained by the establishment and continous reconstitution of structural and cultural inequalities between English and other languages" (Phillipson 1992, S. 47).

Wenn eine Sprache in weltweiter Kommunikation aber so dominiert, dann hat das einsehbare sprachökonomische Gründe. Bei der Entscheidung für die Wahl einer

Zweitsprache drückt sich das in der Frage aus, was kann man mit einer Sprache anfangen? Nützlichkeitserwägungen dieser Art orientieren sich auch am Sprachprestige, und zwar im Sinne eines offenen (*overt*) Prestiges, das jedermann deutlich ist. Im Unterschied dazu können Dialekte, Gruppen- oder Substandardsprachen ein verdecktes (*covert*) Prestige entwickeln, wofür das sog. *Kiezdeutsch* ein Beispiel sein kann, denn die „(multi)ethnolektal geprägte Sprechweise verfügt innerhalb von Jugendgruppen im Umfeld des sogenannten Kiezes über ein hohes Prestige, wohingegen diese Sprechgebrauchsweise in der Schule mit negativem Feedback sanktioniert wird [...], was innerhalb der Jugendgruppe wiederum das Prestige der Sprechgebrauchsweise erhöht" (Bülow 2017, S. 308).

Die Sprache einer wirtschaftlich und politisch großen Macht wird sich weltweit immer eines höheren Ansehens erfreuen können als die Sprache eines Landes, das im Konzert der großen Mächte leiser zu vernehmen ist oder durch geschichtliche Verwerfungen und Untaten Sympathie- und Identitätsverluste hinzunehmen hat. Ausdruck dessen kann das sein, was die englische Zeitung „Times" 1960 mit „linguistic submissivenes" charakterisiert hat (Gärtner 1999).

Die sprachliche Demutshaltung führt im Extrem bis zur Peinlichkeit, wofür ein Gespräch stehen kann, das die „Frankfurter Allgemeine Zeitung" am 22. 3. 1996 mit der Modedesignerin Jil Sander geführt hat:

> „ Ich habe vielleicht etwas Weltverbesserndes. Mein Leben ist eine giving-story […]. (Ich) habe verstanden, daß man contemporary sein muß, das future-Denken haben muß. Meine Idee war, die hand-tailored-Geschichte mit neuen Technologien zu verbinden. Und für den Erfolg war mein coordinated concept entscheidend, die Idee, daß man viele Teile einer collection miteinander combinen kann. Aber die audience hat das alles von Anfang an auch supported. Der problembewußte Mensch von heute kann diese Sachen, diese refined Qualitäten mit spirit eben auch appreciaten. Allerdings geht unser voice auch auf bestimmte Zielgruppen. Wer Ladyisches will, searcht nicht bei Jil Sander. Man muß Sinn haben für das effortless, das magic meines Stil" (zitiert aus Sprachnachrichten 70II, 2016, S. 18).

Spracheinstellungen können also vielfache Ursachen haben, was im Kapitel 4 an drei weiteren Fallbeispielen verdeutlicht werden soll.

3. Sprache und Geschichte: das Beispiel Niederdeutsch

> *Taalgeschiedenis is maar voor een klein deel taalkunde en voor een heel groot gedeelte geschiedenis* (Klaas Heeroma 1969)

Von 1976 bis 2005 habe ich an der Georg-August-Universität Göttingen das akademische Fach „Niederdeutsche Sprach- und Literaturwissenschaft – Niederdeutsche Philologie" vertreten. Das war eine germanistische Disziplin, die im Magisterstudium als Haupt- und Nebenfach belegt werden konnte, im Lehramtsstudiengang „Deutsch" galt das niederdeutsche Angebot als wahlweise obligatorisch und war prüfungsrelevant (siehe Stellmacher (Hrsg.) 2005). Bei den Einführungsveranstaltungen in diesen Wissenschaftsbereich konnte immer wieder beobachtet werden, wie erstaunt die Teilnehmer waren, dass die niederdeutsche Sprache, vulgo Platt oder Plattdeutsch, auf eine 1000-jährige Geschichte zurückblicken kann, auch dass sie einmal die Funktion einer nordosteuropäischen Verkehrssprache wahrnahm. Willy Sanders hat das in seinem Buch zu den „sprachgeschichtlichen Grundzügen des Niederdeutschen" mit den Bezeichnungen *Sachsensprache, Hansesprache, Plattdeutsch* einprägsam benannt (Sanders 1982). Die damit bezeichneten Sprachen trennen nicht nur große Zeiträume, sondern auch Statusunterschiede, d. h. ob der Sprachgebrauch gesetzten Normen gefolgt ist oder nicht und auch, in welcher Realisationsform sprachlich kommuniziert wird.

Die Periode der *Sachsensprache,* auch *Altsächsisch* oder *Altniederdeutsch* genannt, ist die Zeit vom 9. bis zum 12. Jahrhundert und bedeutet „die allmähliche ‚Ein-

deutschung' der naturwüchsigen [...] Sachsensprache seit
fränkisch-karolingischen Tagen" (Sanders 1982, S. 13).

Karte 1: Das Altniederdeutsche

(*Quelle*: Goossens 1973, Kartenanhang, Karte 1)

Hansesprache, das Mittelniederdeutsche der Zeit vom 13. bis
zum 17. Jahrhundert, bezieht sich auf die „jahrhundertelange
‚internationale' Geltung des schreibsprachlichen Mittelniederdeutschen als (Sprache) [...] dieses mächtigen Handels-
bundes, sowie (auf den) [...] Untergang beider [...], und
(auf) die [...] Einführung der hochdeutschen Schriftsprache
in Norddeutschland" (Sanders 1982, S. 13).

Karte 2: Das Mittelniederdeutsche

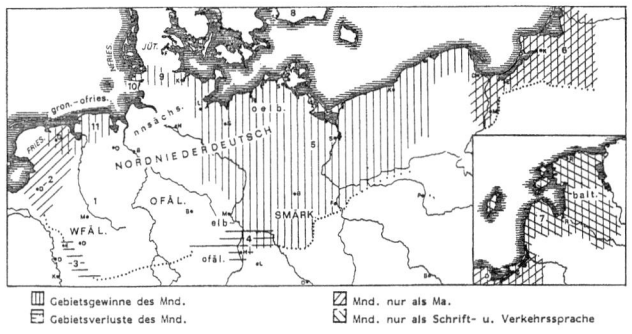

DER MITTELNIEDERDEUTSCHE SPRACHRAUM

(*Quelle*: Peters 1984, S. 59)

Der *plattdeutsche* Zeitabschnitt setzt Ende des 17. Jahrhunderts ein und ist geprägt durch „die bis in unsere Gegenwart andauernde Konkurrenz (des) Hochdeutschen als der ‚Standardsprache' [...], mit den niederdeutschen Mundarten, dem *Plattdeutschen*" (Sanders 1982, S. 13.).

Karte 3: Das Neuniederdeutsche

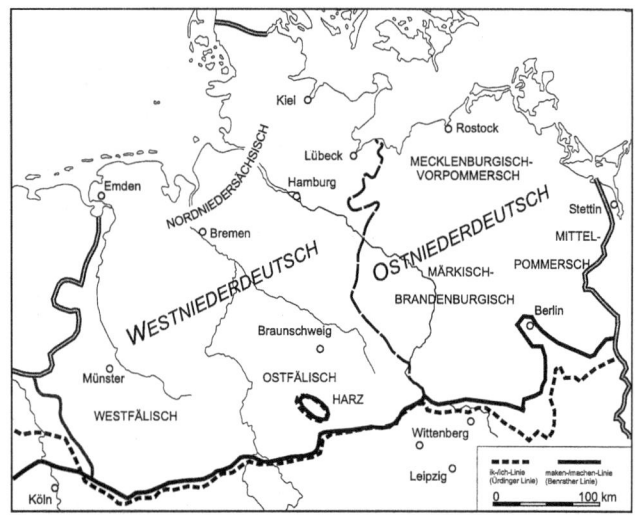

Der gegenwärtige niederdeutsche Sprachraum

(*Quelle*: Stellmacher 1981, S. 13, vgl. dazu Lameli 2016, Abb. 8)

Die hier erläuterten sprachgeschichtlichen Etiketten benennen die Hauptstadien der niederdeutschen Sprachgeschichte, dürfen aber nicht als in sich geschlossene, homogene, Sprachlichkeiten verstanden werden. Die regionenbezogene Sprachgeschichtsforschung konnte zeigen, dass das Niederdeutsche in mittelniederdeutscher Zeit zwar „weitgehend" dem Vorbild Lübecks, des Hansevororts, gefolgt ist, aber mit deutlichen Unterschieden etwa in West- und Ostfalen oder in der brandenburgischen Mittelmark. Das erlaubt die Feststellung, dass das „Mittelniederdeutsche lübischer Prägung […] sicherlich im 15. Jahrhundert die bedeutendste Schreibsprache im hansischen Raum" war (Peters 1987, S. 77). Dort galt sie aber nur zum Teil und musste daneben mit weiteren Schreibsprachen, niederdeutschen und hochdeutschen, koexistieren.

Die niederdeutsche Sprachgeschichtsforschung hat die drei Stadien weiter ausdifferenziert. So wird in der altniederdeutschen Zeit berücksichtigt, dass nach „dem Ende der altsächsischen Überlieferung […] ca. 150 Jahre, bis in die erste Hälfte des 13. Jhs., ausschließlich lateinisch geschrieben (worden ist). Im Bereich der gesprochenen Sprache vollzog sich im 12. Jh. der Sprachwandel vom Altsächsischen zum Mittelniederdeutschen, der zweiten Sprachstufe des Niederdeutschen" (Peters 2010, S. 238 f.). Die dritte Stufe datiert von ca. 1500 bis 1650 und ist vom Schreibsprachenwechsel zum Frühneuhochdeutschen geprägt. Von da an bis zur Mitte des 19. Jahrhunderts zählt die vierte Stufe, gekennzeichnet durch die realisationsformale, die mediale Diglossie von niederdeutscher Sprechsprache und hochdeutscher Schreibsprache. Dem schließt sich als fünfte Stufe die Zeit an, in der sich zunehmend diese Diglossie zugunsten des Hochdeutschen auflöst, aber auch das Signal für Restandardisierungen des Niederdeutschen gesetzt wird, dazu Kapitel 5.

Die mittelniederdeutsche Sprachsituation ist ein gutes Beispiel für die Rolle von Standardsprachen bei der Ausgestaltung von Sprachkontakten. Unterscheiden lassen sich dabei „symmetrisch-institutionelle" Sprachsituationen, wenn mehrere Sprachen in einem Land, Staat rechtlich gleichgestellt sind, und „asymmetrisch-institutionelle", wenn eine Sprache zur offiziellen Landes-, Staatssprache wird und die anderen mit niedrigerem Status „überdacht" (Kremnitz 1997, S. 14 f.). Die in solchen Sprachsituationen wirkenden Prozesse von Integration und Differentiation spiegeln die „politischen, ökonomischen und soziokulturellen Kausalfaktoren sprachlicher Expansion und Rezession" (Sanders 1982, S. 13). Der Expansion entspricht, bezogen auf den Sprachbau und die Sprachfunktionen, ein Ausbau, der Rezession ein Abbau. Die Rezession kann bis zum „Sprachtod" führen, was auch schon Tageszeitungen thematisieren. Unter der Überschrift „Sprachforscher: Englisch wird sterben wie einst Latein" („Welt am Sonntag" Ausgabe 44, 1993, S. 31) wird der britische Professor Jonathan Powell mit diesen Worten zitiert: „Die gesprochenen und geschriebenen Versionen der Sprache werden sich so gravierend auseinanderentwickeln, daß die gesprochenen Dialekte sich in eigenständige Sprachen verwandeln werden". Das meint nichts Anderes, als was in dieser Schrift mit dem sprachgeschichtlichen Grundgesetz zu erläutern versucht wird.

Sprachtod tritt ein, wenn eine dieser vier Entwicklungen Wirklichkeit wird: 1. der plötzliche Sprachtod *(sudden death)*, die Sprache verschwindet, weil ihre Sprecher physisch vernichtet werden; 2. der bewusste Sprachtod *(radical death)*, die Sprecher geben politischen Drucks wegen ihre Sprache auf; 3. der aufsteigende Sprachtod *(bottom-to-top death)*, die Sprache wird zuerst im Nahbereich aufgegeben, kann sich aber in rituellen Zusammenhängen noch einige Zeit halten; 4. der allmähliche Sprachtod *(gradual death)*, eine Sprachgemeinschaft wendet sich allmählich von der Muttersprache ab und einer Dominanzsprache zu (Campbell/Muntzel 1989).

Dass sprachlicher Wandel langfristig verläuft, ist im Vergleich mit der kurzen Lebensspanne eines Menschen offenkundig. Doch mit Blick auf die Menschheitsgeschichte verändern sich Sprachen schnell. So kennt das Niederdeutsche im Laufe seiner (nachweisbaren) Geschichte drei Sprachstadien und fünf Sprachstufen (s. o.), und die modernen europäischen Nationalsprachen sind keine 500 Jahre alt. Von solcher Sprachgeschichte ausgehend, beschäftigt sich seit den 1980er Jahren die sog. Atomsemiotik mit der Suche nach Lösungen, um noch in fernster Zukunft zu gewährleisten, dass sprachvermittelte Informationen, hier die Warnung vor den Gefahren des Atommülls, zu dechiffrieren sind und hofft, dafür universelle und zeitlos verständliche Systeme aus visuell, ikonisch und indexikalisch kodierten Zeichensystemen erarbeiten zu können. Die „Zeitschrift für Semiotik" initiierte 1982/83 eine Umfrage bei Wissenschaftlern aus verschiedenen Ländern nach den Möglichkeiten, die Nachwelt innerhalb der nächsten 10000 Jahre über die Lagerungsorte von Atommüll und die davon ausgehenden Gefahren in Kenntnis zu setzen; zu den eingegangenen Vorschlägen und Anregungen siehe Posner 1990.

Wie sich die niederdeutsche (Schrift-)Sprache im Laufe der Jahrhunderte formal verändert hat, soll der Textvergleich des christlichen Glaubensbekenntnisses aus der spätaltniederdeutschen/frühmittelniederdeutschen Zeit mit dem Neuniederdeutschen zeigen (die Texte sind hier gekürzt):

Glaubensbekenntnis aus der ersten Hälfte des 12. Jahrhunderts:

Ic kelave in got vader almachigen, in then sceppare thes himeles en ther arthen.
Ic kelave in sinen enbornen sune usen herren thene helgen Crist.
Ic kelave in thene helgen gest.
Ic kelave, that the thre genenneden the vader en the sune en the helge gest en war godhid is. (Meier/Möhn 2008, S. 25)

Mittelniederdeutsches Glaubensbekenntnis 1529:

Ick gelōue an Godt den vader almechtigē Schepper hemmels vn der erden.
Und an Jhesum Christum synen eyngebarē Sōn / unsen Heren.
Ick geloue an den hilligen geyst / eyn hillige christlike karcke / de gemene der hylligen. (Schilling 2000, S. 27–30)

Glaubenbekenntnis 20. Jahrhundert:

Ik glööw an Gott, den Vader. He alleen is allmächtig. He hett Himmel un Eerd ut nix warrn laaten.
Ik glööw an Jesus Christus, Gott sien eenzigsten Söhn, unsen Herrn.

*Ik glööw an den hilligen Geist, an een hillige christliche Kark,
an een hillige Gemeend.*
(Gesangbook 1953)

Für ‚Himmel' wird in den alt- und neuniederdeutschen Fassungen des Glaubensbekenntnisses *himeles* (im Altniederdeutschen findet sich daneben auch *heƀan*) und *Himmel* geschrieben, die mittelniederdeutsche Fassung hat *hemmels*, was die für die mittlere Sprachperiode übliche Form ist, im Laufe der Zeit jedoch von der durch das Hochdeutsche gestützten *i*-Bildung bedrängt worden ist. Als Bedeutung für diese Wörter sind sowohl das Firmament als auch das Himmelreich in religiösem Verständnis bezeugt. Vergleichbar doppeldeutig ist die *e*-Form (siehe englisch *heaven*). Das Niedersächsische Wörterbuch bietet dafür eine Wortkarte (II. Band 2003, S. 383/84). In der niederdeutschen Literatur werden *Himmel/Heben,Heven* als Ausdrucksvarianten gebraucht, wie (a) von Klaus Groth (1819–1899) oder auch (b), um beide Bedeutungen anklingen zu lassen:

(a) *Ik wull, wi weern noch kleen, Jehann,*
  Do weer de Welt so grot!
  Wi seten op den Steen, Jehann,
  Weest noch? bi Nawers Sot.
  An Hęben seil de stille Maan,
  Wi segen, wa he leep,
  *Un snacken, wa de **Himmel** hoch*
  Un wa de Sot wul deep (Sämtliche Werke II, S. 17).

(b) *Du, uns Gott, in'n hoogen **Heven**,*
  Herr du över Dood un Leven,
  all de Welt liggt di to Fööt:
  Engel, Minschen möt di deenen,
  di to ehren, free sik eenen,
  *Eerd un **Himmel** singt dien Leed* (Dor kummt een Schipp 1991 Nr. 136).

Die kleine Wortgeschichte lässt zweierlei erkennen: zum einen die eigenständige Sprachlichkeit des Niederdeutschen und zum anderen, wie das Wortgut beim Ausbau dieser Sprachlichkeit in der weltlichen und geistlichen Literatur genutzt wird (siehe auch Scheuermann 1998).

Die hier angedeuteten Veränderungen in der Struktur und in der Lexik des Niederdeutschen von den alten Sprachstufen bis zur Gegenwart sind in der Niederdeutschen Philologie mit ihren Teilfächern Mediävistik, Sprachwissenschaft (Dialektologie) und Literaturwissenschaft eingehend erforscht und dargestellt worden, entsprechende Titel finden sich im Literaturverzeichnis (Kapitel 7).

Die in diesem Kapitel behandelten sprachlichen Aus- und Abbauprozesse, Standardisierungen und Dialektisierungen dürfen als sprachgeschichtliche Gesetzmäßigkeiten gelten. Und als Ausdruck dafür könnte sogar von einem sprachgeschichtlichen Grundgesetz gesprochen werden. Auch wenn das als eine überzogene Formulierung erscheinen mag, es versucht mit guten Gründen, geläufige Sachverhalte als nicht zufällig zu beschreiben, sondern als in ihren Abläufen nachvollziehbar.

Diese Betrachtungsweise setzte im 18. Jahrhundert ein, wo man überzeugt war, ein „allgemeines Lebensgesetz" auch auf die Sprache anwenden zu können, der „höchste mögliche Wohlstand ist zugleich der erste Schritt zum Verfalle, weil jedes endliche Ding entweder zunimmt oder abnimmt. Eben das gilt von der Sprache". So formuliert von Joh. Christoph Adelung (1732–1806), einem der Aufklärung verbundenen Verfasser von Werken zur deutschen Sprache, in der Einleitung zu seinem „Umständlichen Lehrgebäude der Deutschen Sprache zur Erläuterung der Deutschen Sprachlehre für Schulen" (Adelung 1782, S. 8).

Wilhelm von Humboldt (1767–1835) lenkt den Blick der Sprachforscher auf naturwissenschaftliche Vorgänge und sieht in der Sprache einen „Organismus", der zur Physiologie des „intellektuellen Menschen" gehöre und seinen „geschichtlichen Entwicklungen" folge (Humboldt 1905, S. 6–17). Daran und an die Evolutionsgedanken („Aszendenzreihe") Charles Darwins (1809–1882) knüpft August Schleicher (1821–1868) an, wenn er die Sprachgeschichte in zwei Hauptabschnitte einteilt:

> „Das leben der sprache (gewönlich geschichte der sprache genannt) zerfällt in zwei hauptabschnitte: 1. entwickelung der sprache, vorhistorische periode [...]. 2. verfall der sprache [...], historische periode [...]. Durch verschiedene entwickelung auf verschiedenen punkten des gebietes einer und der selben sprache spaltet sich im verlaufe der zweiten periode [...] eine und die selbe sprache in merere sprachen (mundarten, dialecte); dieser process der differenzierung kann sich mehrfach wiederholen [...]. Alles diß trat im leben der sprache almählich im verlaufe langer zeiträume ein" (Schleicher 1871, S. 4 f.; vgl. auch Beneš 1958).

Die Folgen solcher Veränderungen können Sprachbauvereinfachungen wie die Deflexion sein, was die Erlernbarkeit der Sprachen erleichtert und ihnen als Koine größere Verbreitung verschaffen (siehe Schmid et al. 2011; zu den Begrifflichkeiten Grübel 2011, S. 37–64). Ob das aber mit einer Steigerung des Prestiges einhergeht, steht auf einem anderen Blatt. In der Pidgin- und Kreolsprachenforschung ist das ein Diskussionspunkt (mit Bezug auf das „Koloniaal Nederlands" siehe Noordegraaf 2014). Nicht als Sprachverfall, sondern als Fortschritt wertet 1894 der dänische Sprachwissenschaftler Otto Jespersen (1860–1943) sprachstrukturelle Erleichterungen, denn „the fewer and shorter the forms, the better" (Jespersen 1894/1993, S. 14). So seien Sprachen mit einem analytischen Sprachbau (wie das moderne Englische) im Vorteil gegenüber denen mit einem synthetischen Bau (wie das Altenglische oder das Deutsche). Das hat das Reden vom Sprachverfall leiser werden lassen und eine der Sprachgeschichte gerechter werdende Beurteilung sprachlicher Veränderungen befördert.

Der Romanist und Creolist Hugo Schuchardt (1842–1927) sieht in der Sprachgeschichte das Kräftespiel von Zentripetal- und Zentrifugalkraft, was heißen soll, dass sich Sprachen zu einer (neuen) Sprache zusammenfinden, zentripetal organisieren, diese sich aber auch wieder zerlegen, also zentrifugal (des-)organisieren kann (Schuchardt 1928, S. 171). Der Schweizer Germanist Stefan Sonderegger hat gegen Ende des 20. Jahrhunderts zum Verständnis derartiger Prozesse sechs Kriterien der Sprachgeschichte formuliert, dessen drittes sich auf die Differenzierung und Integration bezieht und damit das beschreibt, was sich als ein sprachgeschichtliches Grundgesetz verstehen lässt:

„Differenzierung bedeutet einerseits Auseinanderentwicklung einer Sprache, d.h. ihrer Subsysteme oder areallinguistischen Teileinheiten […], was zu einer Vervielfachung der grammatisch-lexikalischen Möglichkeiten führt. Unter Integration versteht man das sprachgeschichtliche Zusammenwachsen oder Zusammenfinden ursprünglich getrennter Teile […] zu einer neuen schreib- oder schriftsprachlichen Einheit […]. In der Regel ist Integration mit neuer Normierung des Sprachsystems verbunden" (Sonderegger 1979, S. 202 f.).

Dialektisierende Sprachprozesse werden in der modernen Linguistik unter dem Terminus *Destandardisierung* behandelt. Ich ziehe für meinen Gegenstand aber *Dialektisierung* vor, einmal weil das Niederdeutsche im Laufe seiner Geschichte wirklich den Status eines Dialekts angenommen hat und zum anderen, weil die Dialektisierung als vorerst letzte Stufe in einem Destandardisierungsprozess angesehen werden kann.

1997 heißt es in der „Einleitung" eines Sammelbandes zur Standardisierung und Destandardisierung europäischer Nationalsprachen, dass gegenwärtig „vielerorts in Europa Auflösungserscheinungen des sprachlichen Standards beobachtet und oftmals beklagt" werden (Radtke in Mattheier/Radtke 1997, S. VII), und zwar als Reaktion auf „Spannungen zwischen einer zu einem bestimmten früheren Zeitpunkt erfolgten Kodifizierung einer Standardvarietät und dem öffentlich-offiziellen Sprachgebrauch einer Gemeinschaft in Wort und Schrift, in dem sich neu herausgebildete subsistente Normen widerspiegeln" (Mattheier in Mattheier/Radke 1997, S. 7). Die moderne Sprachdynamikforschung (Schmidt/Herrgen 2011) geht bei der Erklärung dieser Prozesse vom Idiolekt aus, der, weil niemals deckungsgleich mit anderen Idiolekten, im Sprachgebrauch auf Abstimmung und Vereinheitlichung angewiesen ist. So ergeben sich „Synchronisierungen" im Mikro-, Meso- und Makrobereich. Sie stehen für die ständige Bewegung im Sprachleben, das keinen Stillstand kennt. Gesteuert werden die Synchronisierungen von pragmatisch veranlassten Systematisierungsprozessen. Dabei unterscheidet die Sprachgeschichtsforschung die innere Systematisierung, die von den Sprachbenutzern im Kommunikationsakt vorgenommenen Anpassungen nach den Kriterien der Klarheit (= Motiviertheit), der Gleichförmigkeit (= Analogie) und der Einfachheit (= Ökonomie). Die äußere Systematisierung orientiert sich an dem normativ vorgegebenen Kriterium der sprachlichen Richtigkeit (= Korrektheit) (Cherubim 2016, bes. S. 25).

In der vorliegenden Schrift soll es um die durch die oben beschriebenen Sprachprozesse bewirkten Folgen für die Kommunikativität des Niederdeutschen und in einem speziellen Fall auch des Hochdeutschen gehen. Der Statuswandel ist der ja vielleicht auffälligste Aspekt unter den von dem sprachgeschichtlichen Grundgesetz beschriebenen Veränderungen. Die mit dem Aus- und Abbau kommunikativer Potenzen verbundene sprachinstrumentelle Motivation erweist sich am auffälligsten in mehrsprachigen Situationen, gleich ob im privaten oder öffentlichen Leben. Die Termini Bilingualismus und Diglossie sollen die unterschiedliche Verteilung der Kompetenzen in mehreren Sprachen beschreiben sowie wann und warum welche Sprache gebraucht wird. Dieter Möhn hat das an dem Verhältnis von deutscher Stadt und niederdeutscher Sprache behandelt. Der mit der Entwicklung der Städte verbundene soziale Wandel veranlasste auch den Sprachwandel:

> Das „Verhältnis von übergeordneter Standardsprache (Hochdeutsch) und untergeordnetem Dialekt (Niederdeutsch) wird [...] als Diglossie bezeichnet; es ist, für die heutige Situation genommen, das Ergebnis eines sozialen Wandels, der das Niederdeutsche in seinen vielfältigen Realisierungsmöglichkeiten eingrenzte und zu einer Funktionsspezialisierung führte" (Möhn 1973, S. 117).

Die sich infolge dieser Spezialisierung ergebende Vorzugsstellung der einen Sprache, hier des *Hochdeutschen*, gegenüber der anderen, hier des *Niederdeutschen*, wird von der Sprachgesellschaft genau wahrgenommen und je nachdem bedauert oder begrüßt, auf jeden Fall aber im kollektiven Gedächtnis bewahrt. In sprachloyalen Gefühlen kann das über lange Zeiträume hinweg soziale Einstellungen prägen. Sprachmythen, Redensarten, Sprichwörter drücken sie aus. Der modernen Wahrnehmungslinguistik ist das ein Forschungsschwerpunkt.

Die Auffassung, dass das Niederdeutsche kein Dialekt, sonder eine Sprache sei (s. o.), erwies sich in den Diskussionen um die Aufnahme des Niederdeutschen in die Europäische Charta für Regional- oder Minderheitensprachen in den 1990er Jahren als ein durchschlagendes Argument. Weil die Charta „Dialekte von Amtssprachen" nicht berücksichtigt (Artikel 1 der Charta), war der rezente niederdeutsche Sprachstatus chartaverträglich zu interpretieren, was mit Hilfe dieser vier „Sprachlichkeitskriterien" gelang: 1. das Niederdeutsche war in seiner Geschichte lange Zeit eine (Quasi-)Standardsprache (= „Hansesprache"), 2. der sprachliche Abstand zum Hochdeutschen ist beträchtlich (z. B. das Fehlen der 2. Lautverschiebung), 3. das Niederdeutsche prägt die norddeutsche Kultur, 4. das Niederdeutsche verfügt über Teilnormierungen in der Schrift und im Funkmedium. Diese Kriterien spielen bei den Bemühungen um eine Restandardisierung eine beträchtliche Rolle, wenn auch mit unterschiedlichem Gewicht. Während die ersten drei das Niederdeutsche von anderen deutschen Dialekten deutlich abheben, können die Normierungsversuche viel weniger überzeugen. So bewegen sich die Rechtschreibvorschläge, wie Birgit Kellner im Titel ihrer Arbeit schreibt, „zwischen Anlehnung und Abgrenzung" (Kellner 2002) und verdeutlichen damit die Schwierigkeiten, einen Dialekt orthographisch zu regeln und ihm damit eines seiner auffälligsten Dalektmerkmale zu nehmen. Dennoch fand diese Argumentation, unterstützt von einer breiten niederdeutschen „Basisbewegung" Gehör, das Niederdeutsche wurde als deutsche Regionalsprache in die Europäische Sprachencharta aufgenommen. Die Würdigung sprachgeschichtlicher und –loyaler Befunde war schließlich entscheidender als der aktuelle Sprachstatus. Doch genau auf die mit diesem Status verbundenen Wahrnehmungen ist in parlamentarischen Debatten zur Chartafrage Bezug genommen worden, wenn, allein den kommunikativen Beziehungsaspekt bemühend, pro Niederdeutsch ausgeführt wurde: *„Op plattdüütsch kannst fast alles seggen, wie Du dat dinkst. Beleidigen kannst de Minschen nich. Ok wenn man dat ganz dütlich seggt, dat hört sick trotzdem noch scheun un warm an"* (Deutscher Bundestag. Pressedokumentation 15. 1. 1994, zitiert nach „Rhein-Neckar-Zeitung").

Die emotional empfundenen Vorzüge des Dialektgebrauchs stehen hier scheinbar gegen das Beharren auf einem nichtdialektalen niederdeutschen Sprachstatus. Gegeneinander auszuspielen ist das nicht, was der Romanist Hans Goebl an romanischen Sprachverhältnissen aufzeigt, wo es eine den deutsch-niederdeutschen Verhältnissen vergleichbare Sprachsituation gibt:

> „Jedes Idiom kann prinzipiell von zwei streng voneinander zu trennenden Standpunkten aus betrachtet und damit […] klassifiziert werden: von 1. einem *innerlinguistisch-dialektologischen Standpunkt* aus, wobei es um die Analyse der beispielsweise nach Phonetik, Morphologie, Syntax und so weiter beschreibbaren inneren Sprachstruktur des untersuchten Idioms geht, und 2. von einem *außerlinguistisch* oder auch *meta-linguistisch* zu bezeichnenden Standpunkt. Dabei ist aufzuzeigen, in welchen sozialen Zusammenhängen und Funktionen das untersuchte Idiom verwendet wird, und auch, wie sich dieses Idiom seinen eigenen Sprechern darstellt bzw. welchen *sozialen Status* es für sie hat […]. Es hätte gar keinen *wissenschaftlichen Sinn*, diese beiden Klassifizierungen gegeneinander auszuspielen. Wohl aber hat es sich gezeigt, daß aus eindeutig außerwissenschaftlichen Gründen – im Klartext aus *politischen* Gründen – diese zwei radikal voneinander getrennt zu haltenden Spielarten von Klassifikationen sehr oft aufeinander bezogen oder gegeneinander ins Feld geführt worden sind. Wenn dies vonseiten dessen geschehen ist, was man die ‚*profane Welt*' nennt, so entzieht sich das der Kritik der Wissenschaft. Es ist aber überaus betrüblich, feststellen zu müssen, daß diese Vermischung an sich inkompatibler Sehweisen sehr oft vonseiten der *Wissenschaft* begangen wurde und noch immer wird" (Goebl 1984, S. 149 f.).

Dass der hier angesprochene „soziale Status" auch ein nicht zu unterschätzendes Motiv für die Bewertung der Existenzformen *Sprache* und *Dialekt* ist, belegen Ergebnisse der aktuellsten Umfrage zu „Status und Gebrauch des Niederdeutschen 2016" (Adler et al. 2016). So wird die Konzeptualisierung des Niederdeutschen als Sprache und nicht als Dialekt mehrheitlich von den Befragten bestätigt, die sich eine höhere niederdeutsche Sprachkompetenz zusprechen als von denen, die angeben, das Niederdeutsche nur mäßig zu beherrschen. Auch sind es die Kenner und Könner, die das Niederdeutsche positiv bewerten und die bereit wären, ihre Kinder in einen „plattdeutschen Kindergarten" zu schicken.

Die (Re-)Standardisierung einer dialektalen Sprache, also einer ohne gesetzte Normen, vollzieht sich in den Phasen der Minimierung der Sprachvariation, d.h. über die Einschränkung formaler Schreib- und Aussprachevarianten sowie morphologisch-grammatischer Bildungsmöglichkeiten, dann über die Kodifizierung, Elaborierung und die Akzeptanz solcher Spracharbeit durch die Sprachgemeinschaft. Die so entwickelte Sprache wird dadurch in die Lage versetzt, maximale Gebrauchsfunktionen wahrzunehmen (Göschel et al. 1976; hier bes. Sheldon, S. 30–41, und Haugen, S. 152–169; Durrell 1999).

Entvariabilisierung darf nicht als etwas Absolutes verstanden werden. Die Sprachenpädagogik, besonders die im Fremdsprachenunterricht, wird sich immer mit der Frage zu beschäftigen haben, „wie viel Variation diese ‚Standardsprache' beinhalten dürfe und wie diese Variation [...] zu vermitteln sei. Die Lerner des Deutschen als Fremdsprache [...] sollten lernen, mit einer Vielfalt an Variation umzugehen, um in Alltagssituationen effektiv kommunizieren zu können" (Hein/Mell 2013, S. 64).

Unstrittig ist, dass eine Sprache durch die Standardisierung einen Zuwachs an Prestige erhält. Die Sprache im Range verbindlicher Amts-, Schul- und Wissenschaftssprache, als Trägerin nationaler und internationaler Politik und des Wirtschaftshandelns sowie der national orientierten Literatur wird im Vergleich mit kommunikativ eingeschränkteren

Sprachen immer über einen deutlich höheren Distributionswert verfügen, der für die Fremdsprachenwahl schließlich ausschlaggebend ist.

Standardsprachlich funktioniert die daraufhin ausgebaute Sprache aber nur, wenn ihre Setzungen, die Sprachnormen, allgemein akzeptiert sind und im Erziehungs- und Bildungsbereich verbindlich vermittelt und praktiziert werden.

Anzeichen für die Aufgabe des Standardstatus sind im Deutschen zunehmende Normtoleranzen (wie in der Rechtschreibung nach den orthographischen Neuregelungen von 1994), ein abnehmender Stellenwert schulgrammatischer Kenntnisse, laxe Ausdrucks- und Stilschulung. Deutlicher wird der Dialektisierungsschub, wenn die Standardsprache Verwendungsbereiche (Domänen) verliert, weil diese von einer als angemessener und moderner empfundenen oder empfohlenen Sprache besetzt werden. Dazu mehr in Kapitel 5.1.

Standardisierungs- und Dialektisierungsprozesse vollziehen sich langfristig und bleiben in dem kurzen Menschenleben oft unbemerkt (siehe oben das Zitat aus Schleicher 1871). Plötzliche Umbrüche, Sprachrevolutionen, mögen nicht undenkbar sein, lassen sich aber schwer überzeugend nachweisen.

In der Folge weit greifender gesellschaftlicher Umwälzungen wie in Frankreich 1789 und in Russland 1917 sind Sprachrevolutionen angenommen worden. In seinem Aufsatz „La langue française avant et après la Revolution" (1894) diskutiert Paul Lafargue (1842–1911) seine Hauptthese von der Revolution als Katalysator für sprachliche Entwicklungen, die vorher schon angelegt worden sind:

„Das Wirken der Revolution in der Sprache hatte sich schließlich darauf beschränken müssen, die Aristokratensprache zu entthronen und eine Sprache wieder zum Vorschein zu bringen, die von der Bourgeoisie gesprochen wurde und auch schon in literarischen Werken benutzt worden war. Dieser

Umschwung begann sich schon vor 1789 bemerkbar zu machen, die Revolution gab ihm krachend einen kräftigen Stoß nach vorwärts" (zitiert aus Schlieben-Lange 1981, S. 91, Fußnote 3).

Aufgegriffen wurde die Vorstellung „klassengebundener Sprachen" zu Anfang des 20. Jahrhunderts von dem russischen Sprachwissenschaftler Nikolai Jakovlewitsch Marr (1864/65–1934), der die in der Sprachgeschichte zu beobachtenden Sprachveränderungen nicht durch Sprachkontakte bewirkt sehen will, sondern durch gesellschaftliche Umwälzungen:

„[...] die Tatsache, daß die indoeuropäischen Sprachen mit ihrem ganzen unterschiedlichen Bau sich erwiesen als Umbildungen vorgeschichtlicher Sprachen Europas, und diese Umbildung erklärt sich ihrerseits nicht durch das Einströmen einer rassenhaft unterschiedenen Volksmasse, sondern durch den radikalen Umbau der Gesellschaft als Ergebnis eines völligen wirtschaftlichen Umsturzes" (zitiert nach Gente 1968, S. 139).

Diese „marxistische" Erklärung von Sprachgeschichte gewann in der frühen Sowjetunion zunehmenden Einfluss, wurde aber durch eine Intervention unter dem Namen Stalins, die 1950 in der Parteizeitung „Prawda" erschienenen „Linguistikbriefe", gestoppt. Das Hauptargument dabei war:

„Der Marxismus ist der Ansicht, daß der Übergang einer Sprache von der alten zur neuen Qualität nicht explosionsartig erfolgt, nicht durch die Vernichtung einer vorhandenen Sprache und den Aufbau einer neuen, sondern durch die stufenweise Sammlung von Elementen einer neuen Qualität und demgemäß das stufenweise Absterben der alten Qualität"(zitiert nach Gente 1968, S. 44). „Marxistisch" und in damaligem Verständnis einzig wissenschaftlich sei nur die Sprachauffassung, die die Sprache (gemeint ist die Hoch- oder Standardsprache, D. Ste.) nicht mit einem sozialen Jargon (gemeint ist eine Sondersprache, D. Ste.) verwechsele, denn:

> „Die ‚Klassen'- Dialekte, besser als Jargons bezeichnet, dienen nicht der Masse des Volks, sondern einer schmalen sozialen Oberschicht. Außerdem haben sie keinen eigenen grammatikalischen Bau und Grundwortschatz. Anbetracht dessen können sie sich nicht zu einer selbständigen Sprache entwickeln. Örtliche (‚territoriale') Dialekte dienen dagegen der Masse des Volkes und besitzen einen eigenen grammatikalischen Bau und Grundwortschatz. Anbetracht dessen können einige örtliche Dialekte bei dem Prozeß der Bildung von Nationen zur Grundlage von Nationalsprachen (im Sinne von Standardsprachen, D. Ste.) werden und sich zu selbständigen Nationalsprachen entwickeln. So war zum Beispiel der Dialekt von Kursk – Orel [...] die Grundlage der russischen Nationalsprache" (zitiert nach Gente 1969, S. 57).

Damit war in dem sowjetischen Linguistikstreit den Ansichten der Durchbruch verschafft worden, die gegen den „Klassencharakter" von Sprache aufgetreten sind. Darauf in unserem Zusammenhang hinzuweisen ist angebracht, um die sprachgeschichtlichen Abläufe in der Geschichte das Niederdeutschen mit seinen Integrations- und Differentiationsprozessen ebenso zu verstehen wie das, was am heutigen Deutschen zu beobachten ist.

Sieht die Wissenschaft im Sprachstatus auch keinen Dauerzustand, im allgemeinen Sprachwissen, -bewusstsein kann ein Status über eine sehr, sehr lange Zeit unverändert bleiben. Beim Niederdeutschen ist das, wie oben erwähnt, der Fall. Noch heute ist fast jeder Norddeutsche überzeugt, dass Niederdeutsch eine „Sprache" und kein Dialekt sei. Die Feststellungen zweier aus Norddeutschland stammenden Bundeskanzler bestätigen das: Willy Brandt

(1913–1992): „[...] auf unsere niederdeutsche Sprache, Sprache, nicht Dialekt! – ließen wir nichts kommen" (Quickborn. Zeitschrift für plattdeutsche Sprache und Literatur 4, 2003, S. 39), Helmut Schmidt (1918–2015): „Das Niederdeutsche ist eine eigene Sprache, kein Dialekt" (Schuppenhauer 1976, S. 220, und mit vielen weiteren Beispielen von „Prominenten" Herrmann-Winter 1989; ausführlich dazu auch Arendt 2011)

So bieten sowohl die Ergebnisse der wissenschaftlichen Sprachgeschichtsschreibung als auch die beim Spracherwerb angeeigneten „Konzepte" (Schwarz 1996) zum Niederdeutschen gute Beispiele für die Vorgänge, die das sprachgeschichtliche Grundgesetze zu systematisieren versucht. Außerdem lassen sich daraus Schlüsse für die Bewertung des aktuellen Sprachgeschehens ziehen. Warum jeder Dialekt eine Sprache, aber nicht jede Sprache ein Dialekt ist, dafür bieten außersprachliche Faktoren, die die allgemeine Geschichte bereitstellt und das hier diskutierte Grundgesetz Erklärungshilfen.

4. Sprache und Sprachgemeinschaft: die Sprachloyalität

> *My culture and my language have the right to exist, and no one has the authority to dismiss that* (James Kelman 1994)

Im Kontakt einer Standardsprache mit nicht standardisierten Sprachformen desselben Diasystems wird bald erfahren, dass es sich um unterschiedliche sprachliche Wertigkeiten hinsichtlich dessen handelt, was einem eine Sprache bedeutet und was man mit den Sprachen anfangen oder nicht anfangen kann. Und bei der Entscheidung für das Erlernen einer Zweitsprache ist die Überlegung, was man von ihr habe, vernünftig. Dabei spielt nicht nur das Prestige der Sprache eine Rolle, sondern auch, wie man persönlich zu ihr steht, die Sprachloyalität. Im Verständnis von Uriel Weinreich (1926–1967) ist das ein „Bewußtseinszustand, bei dem die Sprache [...] als geschlossene Einheit und im Gegensatz zu anderen Sprachen einen hohen Rang in der Skala der Werte einnimmt, einen Rang, der der ‚Verteidigung' würdig und bedürftig ist". Dieses Gefühl ergibt sich aus der „affektiven Bindung an die eigene Muttersprache" (Weinreich 1977, S. 131 f.). Als ein „Grundbedürfnis der Menschen [...] verortet zu sein, gilt es – aus einer gesamtgesellschaftlichen Sicht heraus – besonders ernst zu nehmen" (Lesle 1997, S. 26).

Ernst genommen wurde und wird es in der deutschen Dialektpflege in Norddeutschland, wo Niederdeutsch inzwischen als *Regionalsprache* Bestandsschutz erlangt hat (siehe weiter unten), aber auch, angetrieben vor einer Sorge um die Zukunft der Dialekte im Süden:

„In jüngerer Zeit kann man sich des Eindrucks nicht erwehren, man wolle in der Bundesrepublik die Einheimischen der verschiedenen Regionen des Rechts auf regionalsprachliche Identität innerhalb ihrer Muttersprache berauben [...]. Alle dialektnahen Verkehrssprachen sind auf dem besten Wege zu einer bedrohten Spezies zu werden. Daher die Forderung nach *sprachlichem Artenschutz*. Das *Sprach-Biotop Altbayern* braucht Schutz vor Verödung, um zu verhindern, dass es verschwindet" (Zehetner 2003, S. 35).

In Ländern, Staaten, mit verschiedenen Sprachethnien, die alle ihre Sprache so umfassend wie möglich und nötig gebrauchen wollen, sind Regeln und Rechtssätze unerlässlich, um eine friedliche Sprachkoexistenz zu ermöglichen. Die Sprachsituation im Großherzogtum Luxemburg mit seinen etwa 600.000 Einwohnern kann dafür ein gutes Beispiel sein.

Seit 1984 ist das Land offiziell dreisprachig: Französisch, Deutsch, Lëtzebuergesch. Letzteres ist die auf der Grundlage des westmitteldeutschen Moselfränkischen ausgebaute jüngste Amtssprache des Großherzogtums. Allseitig standardisiert ist sie nicht, versteht man darunter nicht nur die Sprachnormensetzung, sondern auch den umfassenden Sprachgebrauch, die kommunikative Potenz. So erscheint das Lëtzebuergesche so gut wie nie in der Fachliteratur, hier dominieren die beiden anderen Amtssprachen. Damit ähnelt es dem, was mit Bezug auf das Niederdeutsche als „Kulturdialekt" oder „Feiertagssprache" bezeichnet wird: Eine nicht mehr alltagssprachlich verwendete Sprache, sondern eine, die „mehr oder weniger ausschließlich in [...] kulturellen Nischen gebraucht wird, d.h. in bewusst herbeigeführten Situationen mit dem ausdrücklichen Ziel der Erhaltung und Pflege dieser Sprachvarietät" (Kremer/Van Caneghem 2007, S. 139). Eine Vorstufe kann die sog. „Begegnungssprache" in Schulen und Vereinen sein. Darunter wird ein oberflächliches, nicht auf aktive Sprachfähigkeit zielendes Kennenlernen einer

Sprache verstanden, in schulischen und außerschulischen Veranstaltungen mit Liedersingen, Gedichtrezitationen, Lesewettbewerben u. ä. (kritisch dazu Oeter 2010, S. 51).

Mit Blick auf das Sprachformenmodell ist es nicht abwegig, in einem Kulturdialekt auch eine Sondersprache zu sehen. Das hieße dann, der Kirchen- und der Wissenschaftssprache sondersprachliche Merkmale zuzuschreiben. Eine Abwertung dieser Sprachformen bedeutete das nicht, weist das Sprachformenmodell doch die anhaltenden gegenseitigen Einwirkungen der sprachlichen Existenzformen als das zentrale Sprachverwendungsmoment aus.

Oft ist der Kulturdialekt *die* Identifikationssprache. Als solche fungiert Lëtzebuergesch unbestritten im Großherzogtum gegenüber den beiden Funktionssprachen Deutsch und Französisch. Die Diskussionen um den Status dieser Sprache halten aber an. Mit der „Petition 698", die alle Zustimmungsrekorde „gebrochen" habe, wird versucht, das Lëtzebuergesche zur ersten Amts- und Nationalsprache zu erheben („Luxemburger Wort" online vom 24. 10. 2016).

> „Hand in Hand mit der wachsenden nationalsymbolischen Identifikationsfunktion des Lëtzebuergeschen und den diese flankierenden sprachfunktionellen und sprachnormativen Fortschritten geht auch sein Prestige, dessen Anstieg sich u. a. anhand der im Laufe der Zeit wechselnden Bezeichnungen für das Idiom nachvollziehen lässt. Der Begriff *Lëtzebuerger-Däitsch,* vor 1940 allgemein üblich zu seiner Bezeichnung, ist aus dem Sprachgebrauch verschwunden, ebenso abwertende Bezeichnungen wie *Platt,* die das Vorhandensein einer übergeordneten Hierarchie suggerieren" (Berg 1993, S. 94).

Als Identifikationssprache fungiert in der Regel die Muttersprache. Sie steuert den Willen, diese Sprache zu benutzen, zu schützen, zu bewahren und weiterzuentwickeln. Das wirkmächtigste Beispiel für sprachloyale Arbeit unter unseren

Nachbarländern findet sich in Belgien. In dem nach der Lossagung vom Vereinigten Königreich der Niederlande 1831 proklamierten Königreich Belgien sicherte die Verfassung zwar den beiden großen Volksteilen, den Wallonen und den Flamen, Sprachfreiheit zu, doch praktisch dominierte das Französische. Es war Sprache der Verwaltung und des Rechtswesens, der Schule, des Militärs und von Handel und Wirtschaft. Ob diese Bevorzugung des Französischen wirklich nur „aus einem Gefühl der Rache gegenüber Holland" (Bouillon 2008, S. 136) erwachsen ist, darf bezweifelt werden. Einzig die Kirche griff als eine der großen gesellschaftlichen Gruppen auf die Volkssprache des nördlichen Landesteiles zurück und festigte damit ihre Stellung im nationalen Bewusstsein der Flamen.

Den Einsatz für praktizierte Gleichstellung der Muttersprachen verstanden die flämischen Intellektuellen auch als Kampf für die Fortexistenz ihrer Volksgruppe, denn *de taal is gansch het volk*, so Prudens van Duyse (1804–1859) in seiner „Vaderlandsche Poëzy" (1840). Zum „Vater der Flämischen Bewegung" wurde Jan Frans Willems (1793–1846) auch durch sein Gedicht „Aen de Belgen" 1818. Hier besingt er die Muttersprache als das wichtigste Element nationalen Selbstbewusstseins und geschichtlicher Würde in Worten wie diesen in deutscher Übersetzung:

> *O Belgier, euer Glück ist an die Sprache gebunden,*
> *Schlagt euer Geschichtsbuch auf: wo ihr euer Recht gekränkt,*
> *Euer Heil vertreten findet, die Landessprache findet ihr dabei*
> *Vertreten, und ihr Sturz ist das Ziel der Tyrannei.*
> ...
> *Aber bleiben wir versklavt an einer fremden Sprache,*
> *Aber bleiben wir immer an französischen Sitten gebunden,*
> *Welchen Vorteil würden wir dann dadurch erlangen?*
> *Die Sprache der hohen und der geringen Leute*
> *Soll wieder die gleiche sein und stützen unseren*
> *Staat.* (Van Duyse 1856)

Bis in die jüngste Vergangenheit reichen die Bemühungen der Flamen zur Erlangung voller Gleichstellung ihrer Sprache mit dem Französischen. Dem dient die letzte Verfassungsänderung von 1988, die das Land zu einem Bundesstaat erklärt, in dem die Zentralregierung in Brüssel nur noch für einige außen- und verteidigungspolitische sowie wirtschafts- und sozialpolitische Angelegenheiten zuständig ist. Von der Sprache getragene Identitäten haben in Belgien dazu geführt, dass ein Staat entstanden ist, in dem sich die Bewohner „nicht als Angehörige ein und derselben Volksgemeinschaft empfinden, sondern als zwei Völker, die lediglich denselben Staat bewohnen" (Schilling/Täubrich 1989, S. 83). Zu einer solchen Kraft kann sich die Sprachloyalität als Ausdruck des Identitätsbewusstseins dann entwickeln, wenn die individuellen und die kollektiven Identitäten eine Einheit bilden. Da überrascht es nicht, dass sich im niederländischen Sprachraum bis heute ein deutlich stärker ausgeprägter Sprachwille, *taalwil,* artikuliert als bspw. im deutschen. Äußerungen wie diese sind hierzulande schwer vorstellbar: *„De taalwil van Vlamingen en Nederlanders is onontbeerlijk willen wij voorkomen dat het Nederlands in de 21e-eeuw een folkloretaaltje wordt"* (Marlies Philippa in „Internationaal Forumnieuws" 1998).

Was der Sprachwille politisch zu bewegen vermag, dafür finden sich auch in der Geschichte des Niederdeutschen eindrucksvolle Beispiele. Zu Beginn des 19. Jahrhunderts, in der norddeutschen „Franzosenzeit" zwischen 1803 und 1815, formierte sich eine an die große Zeit des Niederdeutschen als Sachsen- und Hansesprache gemahnende niederdeutsche Bewegung:

> „Eine Sprache, die längst den Geruch angenommen hatte, nichts als die Gedanken- und Gefühlswelt ‚kleiner Leute' zu spiegeln, [...] sie gewann plötzlich wieder den Ruf, daß ihr in der nationalen Kultur denn doch eine wichtige Rolle zukomme. Das hieß nicht etwa, niederdeutsche Sprache und

Kultur könnten oder sollten der hochdeutsch-offiziellen [...] Konkurrenz machen. Es hieß nur, sie könnten und sollten daneben eine ganz andere, aber selbständige Lebens- und Kulturwelt repräsentieren, gleichsam als ‚volkstümliche' Zweitsprache und Zweitkultur für den Norden" (Schuppenhauer 1994, S. 6).

Auf dieser historischen Voraussetzung hat sich „ein regelrechtes institutionelles Netzwerk aus Vereinen und Verbänden, Bühnen und Verlagen, Literaten-, Pastoren- und Lehrergruppen etc. aufgebaut, das fast den ganzen Norden überzieht. Allerlei spartenspezifische Publikationsorgane, Tagungen, Gremien usw. gehören ebenfalls dazu, [...] die Branche verfügt über eine ziemlich feste organisatorische Struktur" (Schuppenhauer 1994, S. 7).

Das war wohl der Hauptgrund für die erfolgreiche Bewerbung um die Aufnahme des Niederdeutschen in die Europäische Charta der Regional- oder Minderheitensprachen, seit 1999 ist ein Gesetz in Kraft, das das Niederdeutsche offiziell als norddeutsche Regionalsprache bestätigt (vgl. dazu INS 2004; Schuppenhauer 2004).

Bei allen Ähnlichkeiten der flämischen und niederdeutschen Bewegungen, etwa in der Betonung von Eigenständigkeit gegenüber den Französischsprachigen bzw. den Hochdeutschen – ihre Ziele waren grundverschieden. Ging es den Norddeutschen um ein Bewahren ihrer sprachgeprägten Literatur, so stand für die Flamen der Kampf um politische Partizipation auf dem Programm. Das ist ein Unterschied, der sich aus den Umständen erklärt, unter denen das nördliche Deutschland und die südlichen Niederlande im 19. Jahrhundert lebten. Es ist auch ein Beleg für die Dominanz historischer Verhältnisse in der Geschichte der Sprachen, wie es im Motto zu diesem Kapitel formuliert worden ist.

Der Blick auf die Sprachgeschichte des Lëtzebuergeschen bis zur Nationalsprache, des Südniederländischen bis zum belgischen „Natiolect" und des Niederdeutschen bis zur anerkannten Regionalsprache führt verschiedene Standardisierungswege vor Augen. Sie sind nicht von der allgemeinen Geschichte in Luxemburg, Belgien und Norddeutschland zu trennen. Auffällig ist, dass überall der erreichte Sprachausbau ohne einen die Gemeinschaft beseelenden Sprachwillen nicht gelungen wäre. Er drückt aus, was die Muttersprache einem Menschen bedeuten kann. Der mecklenburgische Dichter Jürgen Pump hat das bei seiner Dankrede für die Verleihung des Johannes-Gillhoff-Preises 2014 in diese Worte gekleidet:

> „*För mi is Platt 'ne Sprak, de Sünnenschien in sik drägen deit, ein Tauhus bütt un dat halwe Du is, wenn mi ein frömd'n Minsch mit 'ne plattdütsche Tung'n œwern Wäg löppt*" (Quickborn 3, 2015, S. 64 f.).

Die drei Fallbeispiele geben einen Eindruck davon, wie langfristig der Sprachausbau verläuft. Er führt wie sein Pendant, der Sprachabbau im Sinne des sprachgeschichtlichen Grundgesetzes auch immer nur zu relativen Abschlüssen, die, was nicht übersehen werden darf, auch Konfliktpotential in sich tragen. Sprache ist sowohl ein Identitätsausweis als eben auch ein Mittel zur Abgrenzung, *„no contact without conflict"* (Rindler Schjerve 1999). Da ist dann die Sprachpolitik gefragt, aber sprachpolitische und sprachpflegerische, sprachkulturelle Anstrengungen werden nur erfolgreich sein, wenn den jeweiligen historischen Umständen, auch denen demokratisch verfasster Gesellschaften, Rechnung getragen worden ist: „Demokratie […] ist gerade nicht die schrankenlose Herrschaft der Mehrheit (auch der Mehrheitssprache, D. Ste.) über die Minderheit, sondern ist ein System der stetigen Suche nach einem Ausgleich von Mehrheits- und Minderheitsbelangen" (Oeter 2002, S. 72).

5. Deutsch und Niederdeutsch heute: Dialektisierungen und Standardisierungen

> *Niemand darf wegen seines Geschlechtes, seiner Abstammung, seiner Rasse, seiner Sprache, seiner Heimat und Herkunft, seines Glaubens, seiner religiösen oder politischen Anschauungen benachteiligt oder bevorzugt werden* (Grundgesetz für die Bundesrepublik Deutschland Artikel 3,2)

Dass Dialektisierung einen Systemumbau und einen Verlust an kommunikativer Potenz und an Prestige bedeutet, ist in dieser Schrift bereits an mehreren Stellen behandelt worden, auch dass der entgegengesetzte Prozess einen Ausbau dieser Bereiche bewirkt. Jacob Grimm (1785–1863) hat in solchem Zusammenhang die literatursprachliche Verwendung einer Sprache als ein Lebenselixier verstanden. In seiner Akademierede zum Schillerjubiläum 1859 fasste er das in diese nach wie vor gültige Feststellung: „eines volkes sprache, welchem keine dichter auferstanden sind, stockt und beginnt allmälich zu welken, wie das volk selbst [...] zurückgesetzt und ohnmächtig erscheint" (J. Grimm 1879, S. 376).

Für den Sprachausbau kommt es nach Heinz Kloss (1904–1987) besonders auf die Sachprosa an, ob hier allein die Standardsprache verwendet wird oder auch dialektnähere Sprachformen, das Niederdeutsche zum Beispiel. Kloss unterscheidet bei der Sachprosa je drei Sachgebiete und Ausbaustufen, die „Entfaltungsstufen", eine Graphik führt das vor Augen. Die Felder stehen für die horizontal angeordneten Sachgebiete (1) des Eigen-, besser Gruppenbezogenen; darunter werden Themen aus dem unmittelbaren Lebensumfeld verstanden: die „Muttersprache" und in ihr verfasste Literatur, Heimatkunde und Geschichte der Region „einschließlich ihrer Landwirtschaft, Gewerbezweige, der heimatlichen Fauna, Flora usw." (Kloss 1976, S. 307); (2) „kulturkundliche Fächer", Geistes- und Rechtswissenschaften, Theologie; (3) Technik und Naturwissenschaften. Zu jedem dieser Bereiche finden sich drei Ausbaustufen: (1) volkstümliche Prosa („Grundschulniveau"), (2) gehobene Prosa („Oberschulniveau), (3) Forscher-, Wissenschaftsprosa. Die Graphik bezieht dementsprechend auf der horizontalen Ebene die drei Sachbereichsfelder auf die drei Ausbaustufen auf der Vertikalen. Die Dichte in der Ausfüllung der neun Felder veranschaulicht den derzeitigen Ausbaugrad. Der Dialekt findet sein Hauptfeld im Bereich volkstümlich-eigenbezogener Schriftlichkeit, die Standardsprache in der gehoben- wissenschaftlichen Literatur (Kloss 1978, S. 47 f.). In Anlehnung daran lässt sich der niederdeutsche Sprachausbau in dem in neun Felder gegliederten Quadrat veranschaulichen. Die Abkürzungen stehen für V = volkstümliche Prosa, G = gehobene Prosa, F = Forscherprosa und E = eigenbezogene Thematik, K = kultur- und geisteswissenschaftliche Thematik, N = kirchliche Verkündigung. Danach liegt das Ausbauschwergewicht in der gehobenen Prosa, wie sie im Rundfunk und in der Kirche zu vernehmen ist. Das bestätigt die vielfach belegte Erfahrung, dass das vor allem im Kulturbereich begegnende Niederdeutsch Standardisierungsgrade aufweist. Keine Verwendung findet das Niederdeutsche, von einzelnen Ausnahmen abgesehen (Arfken 1979) in eigenbezogener Forscherprosa, sowie der volkstümlichen Kultur-, Geistes- und Naturwissenschaft.

Abbildung 2: Sprachausbauphasen

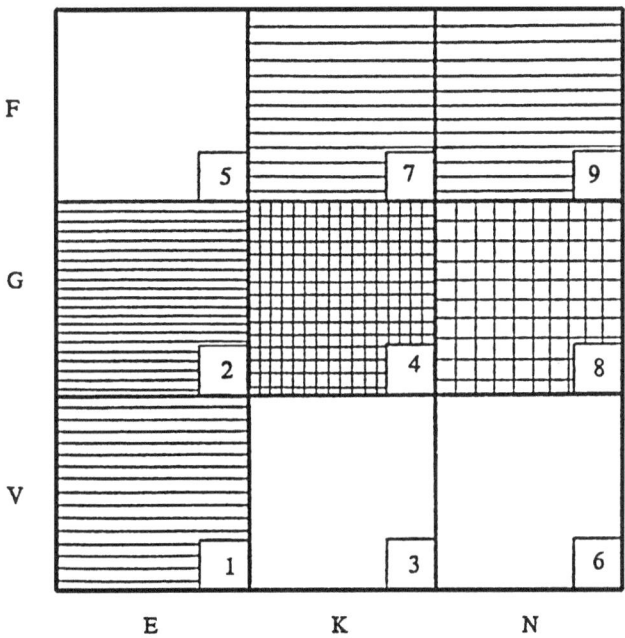

(*Quelle*: Kloss 1978, S. 48, bearbeitet)

Die Schwerpunktsetzung soll nicht verdecken, dass sich Niederdeutsches hin und wieder nicht auch in anderen Feldern finden kann, z. B. in der Philosophie oder der Naturwissenschaft. Einige niederdeutsche Textproben veranschaulichen den Sprachausbau:

1. Für das Feld VE1

> *Man kann et nich glöwen, ower et is woar, Postboten Hans Hermann wird vandoage 50 Johr. Nu stahst du oak moal inne*

Zeitung un owerlechst, wer dat woll sin kann, die die taun Geburtstag gratuliert! Ick wünske di alles Gaue und veel Gesundheit. (Anzeige im „Mindener Tageblatt" vom 10. 2. 2000)

2. Für das Feld GE2

Bi de Buern is wat los. Se sünd bannig in de Brass. Se kamt mit de Priesen nich ut, seggt se. Nu sä mien Mudder jümmer, dat geev jüst so veel tofräden Buern as dröög Water. Se sä jümmer: De Buern, de stöhnt mit'n vullen Buuk! Man wenn du di dat ut de Nögde ankiekst, denn mußt du togeven, dat't bi jem kniepen deiht [...]. (Runfunkkommentar aus Schlottke/Michelsen 1976, S. 27)

3. Für das Feld GK4

(1) Dat Volk vun Neddersassen bekennt sik to de Minschenrechten as Grundlaag vun de staatlich Gemeenschupp, vun Freden un Gerechtigkeit. (2) De in't Grundgesett för de Bundesrepublik Düütschland fastleggten Grundrechten un Rechten as Staatsbörger sünd Deel vun disse Verfaten. Se binnen dat Maken vun Gesetten, dat Vulltrecken vun Gewalt un dat Rechtspreken as Lannesrecht, dat direktemang gellt. Disse Grundrechten to esteemern, sünnerlich, dat Fruunslüüd un Mannslüüd de sülbigen Rechten hebbt, disse Upgoov hebbt Land, Gemenen un Landkrings to wahren. (Neddersassisch Verfaten. 2006, S. 10).

4. Für das Feld GN8

Leeve Gemeen! Vęle Lüüd meent hüüttodaags, wi lęvt in en kranke Tied. Se hebbt dat Geföhl, de Welt is nich mehr in de Reeg. De oole Ornung, wo wi uns fröher op verlaaten hebbt, is möör worrn. Dat Maat, wo wi fröher mit męten hebbt, stimmt nich mehr. De Wiespahlen vun unse Öllern un Vöröllern, de sünd nich mehr to bruuken. Allens is ut de Richt kaamen. De Spraak paßt nich mehr to dat, wat wi belęven doot. De Freud will uns nich mehr recht glücken. Wat wi lehrt hebbt, paßt nich mehr in die Tied. Dor ward nich mehr nah fraagt. Wo wi fröher Lust to harrn, dat maakt uns keen Spaaß mehr [...]. (Plattdüütsche Predigten ut us Tied 1977, S. 112).

5. Feld FK7

Van de Ünnerscheed tüschen de analytschen un de syntheetschen Ordeeln. In all de Ordeeln, in de dat dor üm geiht, wo sik Subjekt und Prädikat to'n anner verhollen [...], bi all dese Ordeeln gifft dat twee Oorten, wa se sik to'n anner verholln. Dat Prädikat B hööört to dat Subjekt A as sowat, wat in A [...] all binnen is. Dat is de eerste Oort. Off B is heel wat anners as A, ok wenn B met A tosamen knütt is. Dat is de tweete Oort. (Immanuel Kant, Kritik der reinen Vernunft, zitiert aus Arfken 1979, S. 22).

6. Feld FN9

In de vörliggend Arbeit wöör afkloort, of man maal so maal so Prooteins un Glykoprooteins op de Elektruphores as Vergliekssubstänz to de Utklamüüstern de Molekulaarmasse mit Help de Trennstreck bruken dröff un wat de Zuckerandeel vun eens to charakterisieren'n Glykoprootein de Toornung beinflust. (Riebe 1989, zitiert aus Stellmacher 1996, S. 504).

Nachfolgend sollen die Definitionselemente des sprachgeschichtlichen Grundgesetzes exemplarisch an zwei Kommunikationsbereichen behandelt werden: Dialektisierung/Sprachabbau an der Verdrängung des Deutschen aus der Wissenschaftskommunikation; Standardisierung/Sprachausbau an der Stärkung des Niederdeutschen als Kirchensprache.

5.1. Deutsch und Wissenschaftssprache

Das Deutsche muß Wissenschaftssprache bleiben, nicht nur um der Zukunft der deutschen Sprache, sondern auch um der Zukunft der Wissenschaft willen (Harald Weinrich 1984)

Auf keinem Gebiet lässt sich heute Sprachabbau im Deutschen, aber auch in anderen Nationalsprachen so unmittelbar erleben wie in der Wissenschaftskommunikation. Anscheinend unaufhaltsam verlieren hier Standardsprachen Anwendungsbereiche, die zunehmend das Englische besetzt. Ein Thema ist das nicht nur in Wissenschaftskreisen, sondern auch in Tageszeitungen, wie in der großen niederländischen Zeitung „Volkskrant". Am 26. 8. 2016 veröffentlichte sie einen ausführlichen Artikel zum abnehmenden Gebrauch des Niederländischen als Unterrichtssprache an den Universitäten und Hochschulen. Unter der Überschrift *„Stop dat oprukkend Engels"* wurde das anschließend in der Leserschaft engagiert diskutiert

Auch germanistische Fachzeitschriften reagieren auf die sich verändernde Sprachwelt, aus guten Gründen zurückhaltend, aber konsequent ist das sogar an der Titelei der maßgebenden deutschen dialektologischen Zeitschrift abzulesen. Sie erscheint seit 1900 unter Namen, die das Verständnis des jeweiligen Forschungsstandes spiegeln:

1. *Zeitschrift für hochdeutsche Mundarten* 1900–1905
2. *Zeitschrift für deutsche Mundarten* 1906–1924
3. *Teuthonista. Zeitschrift für deutsche Dialektforschung und Sprachgeschichte* 1924–1934
4. *Zeitschrift für Mundartforschung* 1935–1968
5. *Zeitschrift für Dialektologie und Linguistik (ZDL)* ab 1969.

Die in der Zeitschrift über ein Jahrhundert zu lesende Wissenschaftssprache war Deutsch. Anscheinend selbstverständlich gebrauchten sie auch Spitzenforscher aus den USA, Frankreich, Russland, Belgien, Schweden, Finnland, Ungarn, den Niederlanden und der Tschechoslowakei. 1960 öffnete sich die Zeitschrift für Beiträge in englischer und niederländischer Sprache. Abstracts auf Englisch führte man 1963 ein. Von 1963 bis 1968 trug die Zeitschrift einen Untertitel in den vier „Weltsprachen":

Journal of Dialectology – *Журнал по диалектология* – *Revue de Dialectologie* – *Revista de Dialectologia*. Seit den späten 1960er Jahren spielt das Englische eine zunehmende Rolle bei den Präsentationssprachen der ZDL; jetzt erscheinen nicht nur englischsprachige Aufsätze (selbst von Autoren deutscher Muttersprache), sondern auch Rezensionen in dieser Sprache.

Von einem entscheidenden Funktionsverlust der deutschen Wissenschaftssprache wäre die Rede, wenn auch das mündliche Fachgespräch englisch geführt würde, denn „‚Wissenschaftssprache' ist nicht einfach nur eine spezifische Terminologie oder Nomenklatur. Sie ist vielmehr Teil, Folge und Voraussetzung für Wissenschaftskommunikation in einem umfassenden Sinn. Dazu gehören sowohl die *Texte* der Wissenschaft wie die vielfältigen Formen ihrer *diskursiven* Praxis" (Ehlich 2000, These 6, S. 274).

Da die Wissenschaft zu den Bereichen zählt, die auf weltweiten Austausch und internationale Verständigung angewiesen ist, sind Äußerungen und Erlebnisse nichtdeutscher Fachvertreter zu diesem Thema aufschlussreich, die des französischen Germanisten Jean-Marie Zemb und des russischen Sprachgermanisten Anatolij Domaschnew zum Beispiel:

„In Deutschland hat sich die Gesamtsituation des sprachlichen ‚Standorts' verschlechtert. Das Deutsche, auch das mit englischen Elementen durchsetzte Deutsche, ist dabei, die in kommunikativer Hinsicht wichtigste Eigenschaft eines Dialektes anzunehmen: Auf gleiche Weise Gedachtes wird uneinheitlich geschrieben (hier spielt J. M. Zemb auf die Orthographiereform von 1994 an, D. Ste.). Die Vermehrung der Schreibweisen des Deutschen führt dazu, daß es bald nicht mehr zu den gelesenen (und im Ausland gelernten) Sprachen gehören wird. Warum, fragen besorgte Eltern in Frankreich, sollten ihre Kinder Deutsch lernen, wenn die Deutschen es in ihren Chefetagen schon aufgegeben haben?" (zitiert aus der „Frankfurter Allgemeinen Zeitung" vom 17. 8. 2000, S. 44).

A. Domaschnew hat die Erfahrung gemacht, „daß viele Deutsche selbst im Begriff sind, ihre eigene Sprache als Verwendungssprache im Umgang mit dem Ausland zugunsten des Anglo-Amerikanischen aufzugeben. Zahlreiche Deutsche, die nach Rußland zu verschiedenen geschäftlichen Verhandlungen oder wissenschaftlichen Konferenzen kommen, bedienen sich der englischen Sprache bzw. eines englischsprachigen Dolmetschers, obwohl deutschsprachige Dolmetscher in Menge da sind. Man kann sich sogar des Eindrucks nicht erwehren, daß es bei vielen Deutschen zum guten Sozialstil gehört, sich auch im nicht englischsprachigen Ausland durch die englische Sprache auszuweisen. So können die Deutschen selbst dazu beitragen, wenn ihre Sprache allmählich von der Verwendungsfläche in der Außenwelt verschwindet oder wenigstens ihre Positionen nicht stärkt" (Domaschnew 1993, S. 258).

Der ungarische Germanist Csaba Földes sieht im Vernachlässigen der deutschen Wissenschaftssprache auch einen Beleg für die wenig entwickelte deutsche Sprachloyalität:

„Sprachloyalität […] verstanden einerseits (a) als Grundvoraussetzung einer richtig verstandenen Sprachkultur […] und andererseits (b) Verwendung des Deutschen durch Deutschsprachige ohne Komplexe auch auf dem internationalen Parkett […]. Der oftmals beobachtbare Reflex, ‚Weltoffenheit' mit dem Verzicht auf die eigene Sprache und damit auf die eigene Kultur zu erkaufen, schadet der individuellen sprachlich-kulturellen Identität, dem kollektiven Bild Deutschlands und den Positionen der deutschen Sprache gleichermaßen, besonders dem D(eutsch)a(ls)F(remdsprache)-Unterricht im Ausland und der Auslandsgermanistik" (Földes 2000, S. 286). Und genau dazu äußert sich die finnische „Deutschlehrerin und Forscherin im Bereich ‚Deutsch als Fremdsprache'" Minna Maijala. Sie sieht einen Grund für die nachlassende Attraktivität des Schulfachs Deutsch in Finnland „in dem Verhalten der Deutschen selbst gegenüber ihrer eigenen Sprache und Kultur", sodass sich Deutschlernende im Ausland immer wieder fragen, „weswegen sie eigentlich Deutsch lernen, wenn die Deutschen selbst ihre eigene Sprache in internationaler Umgebung einfach nicht sprechen wollen" (Maijala 2007, S. 154 f.).

Theodor W. Adorno (1903–1969) hat zur Frage, was Deutsch ist, auf die feste Bindung zwischen deutscher Sprache und Philosophie verwiesen. Nach ihm hat das Deutsche „offenbar eine besondere Wahlverwandtschaft zur Philosophie, und zwar zu deren spekulativem Moment" (Adorno 1977, S. 699). Das sei für ihn der „objektive Beweggrund" gewesen, nach 1945 aus dem Exil wieder nach Deutschland zurückzukehren – eine Lebenserfahrung, die in der Diskussion um Deutsch als Wissenschaftssprache nicht übersehen werden sollte.

Um das Tempo der Dialektisierung des Deutschen, für die hier als Beispiel der Verlust der deutschen Wissenschaftssprache herangezogen wird, zu verlangsamen, war es wichtig, dass die Fachwissenschaft das als Problem erkannt und aufgegriffen hat. Die Zahl wissenschaftlicher Arbeiten zur deutschen Wissenschaftssprache ist beträchtlich (siehe u.a. Ammon 1998, Pörksen 2005, Ammon 2010). 2007 wurde der „Arbeitskreis Deutsch als Wissenschaftssprache e. V." (ADAWIS) gegründet. Sein Bemühen ist „die Förderung von Wissenschaft, Forschung und Bildung durch Pflege und Weiterentwicklung der deutschen Wissenschaftssprache sowie der sprachlichen Vielfalt in Wissenschaft, Forschung und Lehre" (Satzung &1,1). ADAWIS ist zu seinem Vorteil keine Germanistenvereinigung, sondern ein Zusammenschluss von Vertretern verschiedener Wissenschaftsdisziplinen, denen es um den interdisziplinären Dialog geht, um die Förderung empirischer Untersuchungen zur Bedeutung von Sprache im wissenschaftlichen Erkenntnisprozess und in der wissenschaftlichen Kommunikation (Leitlinien des Arbeitskreises Deutsch als Wissenschaftssprache, Ausgabe November 2011). Die entscheidende Frage hat der Immunologe Ralph

Mocikat formuliert: „Warum [...] eine immer weiter zunehmende Komplexität wissenschaftlicher Inhalte mit einer Flucht aus derjenigen Sprache, in der man sich am differenziertesten auszudrücken versteht, beantwortet werden soll, bleibt ein Rätsel" (Mocikat 2008, S. 57).

Die Beiträge zum Thema machen deutlich, dass im Verdrängen des Deutschen wie anderer Nationalsprachen aus der Wissenschaftskommunikation nicht nur ein Dialektisierungsprozess angestoßen und vorangetrieben, sondern auch eine Gefährdung der Sprachdemokratie in Kauf genommen wird; denn dieser Prozess erschwert den Zugang aller Sprachangehörigen zu den Ergebnissen wissenschaftlicher Arbeit. Unmissverständlich ist das in einer Stellungnahme der 1886 gegründeten belgischen Königlichen Akademie für niederländische Sprach- und Literaturwissenschaft, der in Gent residierenden *Koninklijke Academie voor Nederlandse Taal- en Letterkunde* im Oktober 2010 zur Sprache gebracht worden. Es heißt darin, dass es für die Kommunikativität und das Prestige einer Sprache von ausschlaggebender Bedeutung sei, wenn mit ihr die vielfältigsten Kommunikationsaufgaben bestritten werden können, auch die in Wissenschaft, Forschung und im akademischen Unterricht. Zöge sich das Niederländische aus diesen Bereichen zurück, dann stellte sich die Frage, warum man noch von Zugewanderten und Flüchtlingen fordert, dass sie Niederländisch zu erlernen haben. Tatsächlich dürften es nur wenige sein, die daran interessiert seien, dass die Spitzenforschung zu einer *gated community* werde, sich also in den modernen Elfenbeinturm zurückziehe. Das hätte eine Spaltung der Gesellschaft zur Folge, wo sich die Facheliten von der breiten niederländischsprachigen Bevölkerung durch eine andere Sprache absetzten, und das wäre dann das Letzte, was eine moderne Bildungsgesellschaft brauchte.

Von juristischer Seite sind gegen die Verdrängung des Deutschen aus der Wissenschaft verfassungsrechtliche

Bedenken vorgetragen worden. Überlegungen, in ganzen Studiengängen deutscher Universitäten Englisch als akademische Unterrichtssprache einzuführen, verstoßen nach Axel Flessner gegen das „allgemeine Demokratiegebot, (das) den deutschen Staat auch dann (bindet), wenn er Wissenschaft regelt, organisiert und finanziert. Demokratie erfordert Öffentlichkeit […]. Jede und jeder im Volk muss deshalb direkt oder durch Erzählung erfahren können, was und wie in der Universität gelehrt und studiert wird. Diese Öffentlichkeit […] ist in Deutschland nur in deutscher Sprache herstellbar […]. Die Universität entzieht also ihre wissenschaftliche Lehre der deutschen Öffentlichkeit […], wenn sie die Lehre auf Englisch umstellt". Wie in der Stellungnahme der belgischen Akademie wird auch hier von den wissenschaftlichen Einrichtungen „Sprachverantwortung" eingefordert, der sie sich aber versagen, „wenn sie eine Fremdsprache als dem Deutschen vorrangig erklären und damit die Landessprache gesellschaftlich abwerten und inhaltlich verarmen lassen" (Flessner 2015, S. 214 f.).

Die Folgen unzureichender Sprachverantwortung hat das Leipziger Herder-Institut empirisch in „sieben dominant englischsprachigen Studiengängen deutscher Hochschulen (untersucht und festgestellt), dass die Mehrheit der knapp 50 getesteten (nichtdeutschen) Studierenden im Englischen weit vom erforderlichen Mindestniveau entfernt ist und im Deutschen nur elementare Sprachkenntnisse aufweist" (Fandrych 2012, S. 11).

Die Hinweise auf dieses Thema machen deutlich, dass Lösungsvorschläge im behandelten Sprachenproblem von der Wissenschaft allein nicht zu erwarten sind. Es muss auch ein politischer Wille vorhanden sein, solchen Verdrängungsprozessen in der Wahrnehmung demokratischer Gestaltungsverantwortung mit Augenmaß entgegenzutreten. Sprachwissenschaft und Sprachpolitik handeln verantwortlich, wenn sie sprachverursachte Konfliktmöglichkeiten erkennen, benennen und sich sprachdemokratischen Überlegungen und Anstrengungen nicht verschließen.

5.2. Niederdeutsch und Kirchensprache

Da erachtete ich es als rathsam, in plattdeutscher Sprache meine sogenannten Cholerapredigten zu halten. Es ging, wahrhaftig es ging damit (Claus Harms 1834)

In alt- und mittelniederdeutscher Zeit hatte Niederdeutsch neben der lateinischen Sprache einen festen Platz im kirchlichen Leben: in der Seelsorge, bei Amtshandlungen, bei der Predigt in Nebengottesdiensten und beim Chorgesang in der Messe. Es gab niederdeutsche Bücher mit kommentierten Bibelabschnitten (Plenarien) und vier vorreformatorische Vollbibelübersetzungen zwischen 1478 und 1522. Eine starke Stellung hatte Niederdeutsch in der Verkündigung mystisch-religiöser Gruppen wie den „Brüdern des gemeinsamen Lebens". Nach der Reformation wurde das Niederdeutsche für einige Zeit zur umfassenden Kirchensprache (siehe Borchling 1917). Diese Stellung verliert es im Laufe der nächsten Jahrhunderte. Da wechseln nacheinander niederdeutsche Landschaften zum Hochdeutschen als Kirchensprache über, zuerst zwischen 1530 und 1580 die ostniederdeutschen Gebiete Preußen, Livland, Kurland, Estland und die Mark Brandenburg. Um die Wende vom 16. zum 17. Jahrhundert schließen sich Pommern, Mecklenburg, Ostfriesland, Hamburg und Bremen der Verhochdeutschung an. Mitte des 17. Jahrhunderts kehren sich Lübeck, Braunschweig-Lüneburg, Westfalen und Schleswig-Holstein von der alten Sprache ab. Dessen ungeachtet findet sich bis zum 18. Jahrhundert noch vereinzelt niederdeutsches Predigen, besonders wo es um ein erbauliches und nicht rationales Verkündigen geht (Lindow 1926).

Sollte der Geistliche in seiner Predigt konkrete Verhaltensweisen vermitteln, dann ergaben sich in der dialektisierten Sprache Schwierigkeiten syntaktischer und lexikalischer Art. Der Kieler Pastor Claus Harms (1778–1855) hat sich darüber in seinen pastoraltheologischen Reden an „Theologiestudierende" ausgelassen. Als man ihm die Aufgabe übertrug, 1831 in den Dörfern der Kieler Landgemeinde „die Vorschriften wegen der Cholera mündlich bekannt zu machen und zweckdienliche Vorstellungen daran zu knüpfen" (Kröger 1998, S. 76), musste das Gesagte verstanden werden. So war eine niederdeutsche Sprachform, sprachliche Aktionsform zu wählen, die die amtlich-hygienischen Vorschriften wiederzugeben in der Lage war und von der Landbevölkerung verstanden wurde. Claus Harms befleißigte sich deshalb „eines feineren, edleren Plattdeutschen" als das des „gemeinen Mannes" (Kröger 1998, S. 77). Pragmatischer Überlegungen wegen kam es so zu einem niederdeutschen Sprachausbau. Die so elaborierte Sprachform bewährte sich auch in der schriftlichen Verbreitung niederdeutschsprachiger Predigten und Ansprachen der Begründer zweier norddeutscher Missionsanstalten: Louis Harms (1808–1865) mit der Hermannsburger Mission und Johannes Paulsen (1847–1916) mit den Kropper Anstalten der Inneren Mission in Schleswig.

Der Sprachausbau setzte sich im 19. Jahrhundert in Verbindung mit der niederdeutschen Heimatbewegung und dem Wiederaufleben einer qualitätsstarken niederdeutschen Literatur fort. Aus Schleswig-Holstein (Südtondern) stammte auch der andere Wegbereiter moderner niederdeutscher Kirchensprache, Pastor Heinrich Hansen (1861–1940). Unterschiedliche Sprachbewertungen lernte er im Elternhaus kennen, wo die friesischen Eltern mit den Kindern niederdeutsch und nicht friesisch sprachen, weil Niederdeutsch als die „vornehmere" Sprache galt. Seine Bemühungen um die

Wiederbelebung niederdeutscher Kirchensprache erfolgten ich acht systematisch bedachten Schritten, angefangen 1896 mit „Regeln zur plattdeutschen Rechtschreibung" bis zu gedruckten niederdeutschen Predigten (Kröger 1975). Überhaupt ist festzustellen, dass das Verfassen niederdeutscher Texte, die in der Lage sind, das dialektisierte Niederdeutsche möglichst authentisch wiederzugeben, erhebliche Schwierigkeiten bereitete. Der zu den Begründern der neuniederdeutschen Literatur zählende Holsteiner Klaus Groth hat das 1858 in diese Worte gefasst: „Als ich zuerst anfing, plattdeutsch zu produzieren, war es mir fast unmöglich, plattdeutsch zu denken, allenthalben schlichen sich unbemerkt die Formen hochdeutscher Konstruktion und Gedankenfolge ein, so daß ich fast verzweifelte, zu meinem Ziel gelangen zu können" (Groth 1981, S. 78).

In der ersten Hälfte des 20. Jahrhunderts erschienen Übersetzungen der Bibel oder von Bibelteilen in west- und ostniederdeutschen Sprachformen: 1915 „Dat Näi Testament in dat ostfräske Platt" von Oldig Boekhoff, 1929 „Dat Ni Testament för plattdütsch Lüd in ehr Muddersprak œwerdragen" des Mecklenburgers Ernst Voß, 1933 „Dat Ole un dat Nie Testament in unse Moderspraak" des Holsteiners Johannes Jessen. Über die Schwierigkeiten, denen solche Übersetzungen auch im kirchlichen Raum begegneten berichtet anschaulich Ernst Voß (1886–1936) (Voß 1929).

Wie die dann niederdeutsch gedachten Texte aufgenommen wurden, das wird heutzutage so beschrieben, z. B. mit Bezug auf das mecklenburgische Niederdeutsch: *„Plattdütsch in de Kirch hüt is för mi so'ne Ort ‚Heimattheater', wat künstlich inszeniert ward"* (ein Kirchenmusiker in Herrmann-Winter 1989, S. 153). Andere Auffassungen heben die von der niederdeutschen Sprache transportierten hohe Gefühlswerte hervor, in zwei Zitaten ist das in dieser Schrift schon angeklungen: in dem Beitrag des Bundestagsabgeordneten zur Chartadebatte (Kapitel 3) und in den Dankesworten des mit einem Literaturpreis ausgezeichneten Mecklenburgers (Kapitel 4). Diese bei der Konzeptualisierung des Niederdeutschen herausgestellten positiven Konnotationen auch in religiösen Zusammenhängen zu nutzen, ist immer wieder versucht worden, ein Beispiel sind diese Kernsätze:

> **Worüm Plattdüütsch in de Kark**
> Von Pastor Cord Denker
> *Platt is een eenfache Sprook.*
> *De plattdüütsche Prediger mutt Geschichten*
> *un Biller bruuken,*
> *jüst so as Jesus mit eenfache Geschichten*
> *un Biller vun Gott sien Riek vertellt hett.* […]
> *Plattdüütsch geiht to Harten*
> *Bi Freid und Kummer*
> *hett mennigeen gauer Tovertruuen*
> *to den Paster,*
> *wenn de Platt snacken deit:*
> *Dor is een,*
> *de mi so annimmt, as ick bün.* […]

(Ik predige in Platt o. J., S. 7).

Verschiedene Vereinsgründungen trieben den Ausbau des Niederdeutschen in dieser Kommunikationsdomäne voran: 1910 *Verein für Evangelisation in der Landeskirche*, 1947 *Arbeidskrink „Plattdüütsch in de Kark"*, 1963 *Arbeitsgemeinschaft plattdeutscher Pastoren in Niedersachsen*, 1990 der Dachverband *Plattform „Plattdütsch in de Kark"*. Dieses Netzwerk wurde theologisch-homiletisch begleitet. Dieter Andresen verfasste 1972 „Thesen zur plattdeutschen Predigt"; in der 3 These heißt es:

„Der anhaltende Rückgang des Plattdeutschen ist […] vor allem als Ergebnis ökonomischer, sozialer und kultureller Bevormundung durch eine privilegierte Oberschicht zu werten. Die Verdrängung des Plattdeutschen als Kult- und

Kanzelsprache [...] steht in diesem Zusammenhang". Darauf reagiert die 5. These: „Das neue Interesse für plattdeutsche Sprache und Überlieferung ist als Reaktion auf die zunehmende Verunsicherung und Entfremdung zu werten, die Folge technologischer Umwälzungen ist". Eine Konsequenz daraus nennt die 7. These: „Auf diesem Hintergrund hat die Entscheidung zur plattdeutschen Predigt in sich selber theologische Bedeutung [...] als Parteinahme für niederdeutsche Menschen" (Andresen 1975, S. 48 f.; ausführlich dazu auch Kröger 1996–2006 und Bellmann 1983).

Diese vom Geist der 1968er-Bewegung getragenen Gedanken wurden in den folgenden Jahren bestätigt und erfolgreich ausgebaut. Dazu trug auch ihre klare Begründung bei, basierend auf dem theologischen Grundsatz der Einheit von Gemeinde, Sprache und Evangelium, und zwar unter Verzicht auf „ideologische Klammergrößen wie Heimat, Volkstum und Muttersprache" (Bellmann/Kröger 1979, S. 8). Die niederdeutsche Kirchensprache blieb und bleibt aktuell – für Niederdeutsche als eine Bestätigung ihrer Identität und Ausdruck der Solidarität mit ihnen, für Hochdeutsche als eine Interesse weckende Art der Verfremdung altbekannter Texte.

Die beiden hier behandelten Entwicklungen, die Dialektisierung des Hochdeutschen am Beispiel der Wissenschaftssprache und die (Re-)Standardisierung des Niederdeutschen am Beispiel der Kirchensprache, sind die wohl gegenwärtig auffälligsten Sprachbewegungen im Deutschen, aber nicht die einzigen. Dialektisierend wirken auch die Folgen der Rechtschreibreformen von 1994/2006; standardisierend die Versuche niederdeutscher Schreibregelungen und die Entwicklung des „Funkplatts" für niederdeutsche Radiosendungen (dazu Stellmacher 1978). Dass diese Entwicklungen nicht alle Sprachebenen erfassen und alle Kommunikationsdomänen gleichmäßig und gleich umfänglich betreffen, das ist in der Geschichte der Sprachen das Normale. Die slawistische Linguistik hat für die Bearbeitung vergleichbarer Umbauten in der Slavia und in Analogie zur Dialektologie eine Standardologie entwickelt. Sie untersucht den Standardisierungsgrad (russisch *стандартность*) auf drei Beziehungsebenen: 1. dem Sprachniveau als Ergebnis des sprachlichen Normierungsumfangs in Vorgabe und Akzeptanz, 2. dem Funktionsniveau als Ergebnis von Polyvalenz und Verbindlichkeit, 3. dem sozial-situativen Niveau als Ergebnis von erreichtem Sprachstatus, der Sprachloyalität und dem Verständnis für sprachlichen Wandel. Letzteres scheint besonders in der Anglizismus-Diskussion (*Denglisch*) gefragt zu sein (vgl. Rehder1995).

Zum Sprachwandelverständnis gehört auch eine rationale Einstellung zu einer weltweiten Verkehrssprache, einer lingua franca, die heute das Englische ist. In Situationen, in denen man sich ohne Dolmetscher muttersprachlich nicht verständlich machen kann, und das ist ja meistens in solchen Situationen der Fall, da ist der Rückgriff auf eine Weltverkehrssprache ein Segen. Erst wenn diese Sprachform zu einer Bedrohung der Existenz der Muttersprache wird, dann würde es problematisch, denn eine weltweit verbindliche Sprache, so Willemyns 2009, wird es nicht und soll es nicht geben.

Die Standardnost' (s. o.) berechnet sich aus dem Verhältnis von Standard und Variante auf den drei der oben genannten Beziehungsebenen. Dabei können die von Kloss 1978 nachvollziehbar gemachten Ausbaustufen hilfreich sein. Im Ergebnis zeigt sich dann ein Eindruck von der Vitalität einer Sprache (siehe Wingender 1998). Mit dieser Vorgehensweise kann die Standardologie den vom „Standardismus" (Maitz 2015) gepflegten sprachlichen Homogenismus, die Standardsprache dürfe keine regionalen Merkmale aufweisen, relativieren. In diese Richtung werden sich Untersuchungen zu bewegen haben, wenn zum sprachgeschichtlichen Grundgesetz und dem Status von Deutsch und Niederdeutsch heute und morgen linguistisch Zuverlässiges ausgesagt werden soll.

6. Zusammenfassung und Ausblick

> *Völker, [...] die ihre Sprache liegen lassen, ja ausbluten, z. B. durch mediale Jargons, gehen der Sprache verlustig, zumindest lassen sie verludern* (Helmut Henne 2012)

In dieser Schrift ist versucht worden, für die Anzeichen einer Dialektisierung des Gegenwartsdeutschen und einer Standardisierung des rezenten Niederdeutschen eine sprachwissenschaftliche Erklärung vorzustellen. Beide Entwicklungen markieren tiefe sprachgeschichtliche Einschnitte. Sie bedeuten im Falle der Dialektisierung aber nicht den Untergang des Deutschen und schon gar nicht *Het einde van de standaardtaal* (Van der Horst 2008). Es sind Stufen in der Geschichte der deutschen Sprachen. Und von lebendiger deutscher Sprache wird, unabhängig vom Sprachstatus, so lange die Rede sein wie es Kommunikationsgemeinschaften gibt, die sich deutscher sprachlicher Formen bedienen wollen. Unter diesen Sprachformen wird, sobald sich die Kommunikationsgemeinschaft einen staatlichen Rahmen gibt, auch eine standardisierte sein, funktioniert ein (demokratisches) Staatswesen doch nur, wenn die öffentlichen Angelegenheiten in einer allgemein akzeptierten und jedermann verständlichen Sprache geregelt werden können. Und akzeptiert wird diejenige Sprache sein, der sich die Sprachgemeinschaft auch emotional verbunden fühlt, was in der Regel die Muttersprache ist. Ihre emotional-stabilisierenden Potenzen belegen Studien zum Niederdeutschen und zu anderen Regional- und Minderheitensprachen auch in institutionellen Kommunikationssituationen wie dem Arzt-Patienten-Gespräch und im Umgang mit Patienten in Pflegeeinrichtungen und Krankenhäusern: „[...] *sihr oft seggen miene Lüd: ‚Herr Professor* (der Zitierte ist Professor für Innere Medizin, D.Ste.), *kommen Sie doch mal und reden Sie mit dem plattdeutsch, vielleicht geht's dann besser'* . *Un ik möt seggen, dat uns schöne plattdütsche Sprak so ein Verhältnis herstellt, dat man minschlich 'n bäten helpen kann, dat is för mi immer eins von de schönsten Erläfnisse in mienen Beruf"* (Herrmann-Winter 1989, S. 124). Das Gefühlspotenzial von Nichtstandardsprachen wie dem Niederdeutschen kann da zu einem ernst zu nehmenden Therapeutikum werden, wo diese Sprachen etwa in der Psychotherapie ein Behandlungswerkzeug sind. Das Niederdeutsche dürfte so auch der linguistischen Gesprächsforschung ein ergiebiges Arbeitsfeld bieten (Bundesraat för Nedderdüütsch 2008).

Alle Standardisierungsbemühungen scheitern, wenn es nicht gelingt, dafür stabile Organisationsformen zu schaffen (vgl. das oben zu den niederdeutschen Netzwerken Wiedergegebene). Darum kümmert sich der nach der offiziellen Anerkennung des Niederdeutschen als norddeutsche Regionalsprache 2002 eingerichtete „Bundesrat für Niederdeutsch" – *Bundesraat för Nedderdüütsch* (*www. bundesraat-nd.de*). Er soll die Einhaltung der Chartaverpflichtungen überwachen und versteht sich als Stimme der 2,6 Millionen Niederdeutschsprechenden in den Bundesländern Schleswig-Holstein, Mecklenburg-Vorpommern, Bremen, Hamburg, Brandenburg, Nordrhein-Westfalen, Niedersachsen, Sachsen-Anhalt. Darüber hinaus nimmt er die Interessen der in Deutschland lebenden *Plautdietschen* wahr, das sind Sprecher einer von mennonitischen Glaubensgemeinschaften im niederdeutschen Teil Ostpreußens entwickelten niederdeutschen Kolonistensprache mit friesischen, polnischen, russisch-ukrainischen, jiddischen und englischen Sprachanteilen (dazu Stellmacher 2000, S. 160).

Die Hoffnung, dass sich eine „große" Sprache auf die bloße Funktion einer instrumentellen Weltverkehrssprache beschränkt, dürfte trügerisch sein. So würde von Englisch als einer zweiten Amtssprache in Deutschland ein starker Druck auf die kommunikative Valenz der deutschen Standardsprache ausgehen, und zwar in Richtung ihrer Dialektisierung, so wie es Charles A. Ferguson (1921–1998) vor bald 60 Jahren in seinem Diglossiekonzept beschrieben hat (Ferguson 1959). Die damit verbundenen Fragen zeigen sich an einem am weltweiten Englischunterricht entwickelten Motivationsmodell. In ihm wird die Überlegenheit des „*Glorifying English*" gegenüber „*devaluing other languages*" am Beispiel antonymisch gefasster Statusmerkmale veranschaulicht, z. B. *World language* vs. *Localized language, Auxiliary language* vs. *Unhelpful language, Additional language* vs. *Incomplete language* (Phillipson 1992, S. 282, Tab. 2).

Wie eine „Weltsprache" emotional aufgeladen werden kann, zeigt die Ausrufung einer „dritten oder globalen Klasse". Dabei soll es sich um eine soziologische Formation von Menschen handeln, „die fast ausschließlich in Großstädten lebt, die so flüssig Englisch spricht wie ihre Muttersprache, für die Europa kein abstraktes Etwas ist, sondern eine gelebte Realität, wenn sie zum Jobwechsel von Madrid nach Stockholm zieht" (zitiert aus „Der Tagesspiegel" online vom 25. 10. 2016). Für die Angehörigen dieser „Klasse" mag das komfortabel sein, der Sprachdemokratie in einem Staat ist es aber nicht förderlich, wenn den globalen Eliten mit dem „flüssigen Englisch" abgehängte Schichten gegenüberstehen, denen man – in durchaus guter Absicht – eine „leichte Sprache" zumutet (siehe *www.nachrichtenleicht.de*).

Die Sprachwissenschaft ist gut beraten, wenn sie bei ihren sprachgeschichtlichen, soziolinguistischen und dialektologischen Anstrengungen, die folgenden standardologischen Aufgaben im Blick behält:

1. die äußere Sprachgestalt und ihre durch die Ab- und Ausbauprozesse bewirkten Veränderungen sowie den jeweiligen Ausbaugrad der Standardisierung,
2. den Kommunikationsumfang der Standardvarietät und dabei feststellbare Erweiterungen/Einschränkungen der für den Standard ausschlaggebenden kommunikativen Valenzen,
3. die sprachgebundenen Attitüden, die an die „Weltsichten" der Sprachen, d.h. an das kulturgeprägte Metaphernarsenal gebunden sind und sich in den vielfältigen Äußerungen des Sprachwillens, der Sprachloyalität, niederschlagen.

Zu empfehlen ist der Sprachgermanistik, bei der Beschäftigung mit diesen Aufgaben die Geschichte des Niederdeutschen und die Erfahrungen mit ihrer Erforschung heranzuziehen, wir haben hier ein vorzügliches Anschauungsmaterial für das Wirken eines sprachgeschichtlichen Grundgesetzes.

7. Literaturverzeichnis

Das Literaturverzeichnis enthält neben der Quellenliteratur auch Titel, die für eine vertiefende Weiterbeschäftigung mit dem Thema dieser Schrift hilfreich sein können.

Adelung, Joh. Christoph: Umständliches Lehrgebäude der Deutschen Sprache zur Erläuterung der Deutschen Sprachlehre für Schulen. Breitkopf: Leipzig 1782.

Adler, Astrid/Christiane Ehlers/Reinhard Goltz/Andreas Kleene/Albrecht Plewnia: Status und Gebrauch des Niederdeutschen 2016. Erste Ergebnisse einer repräsentativen Erhebung. Institut für deutsche Sprache. Eigenverlag: Mannheim 2016.

Adorno, Theodor W.: Kulturkritik und Gesellschaft II. *Eingriffe. Stichworte. Anhang.* Hrsg. von Rolf Tiedemann. Suhrkamp: Frankfurt am Main 1977 (Gesammelte Schriften 10/2).

Ammer, Karl: Einführung in die Sprachwissenschaft. Band 1. Niemeyer: Halle/Saale 1958.

Ammon, Ulrich: Ist Deutsch noch internationale Wissenschaftssprache? De Gruyter: Berlin/New York 1998.

Ammon, Ulrich: English and Other International Languages under the Impact of Globalization. In: Neuphilologische Mitteilungen 111, 2010/I, S. 9–28.

Ammon, Ulrich: Die Stellung der deutschen Sprache in der Welt. De Gruyter: Berlin 2015.

Andresen, Dieter: Thesen zur plattdeutschen Predigt. In: Johann Diedrich Bellmann (Hrsg.): Kanzelsprache und Sprachgemeinde. Dokumente zur plattdeutschen Verkündigung. Institut für niederdeutsche Sprache: Bremen 1975, S. 48–50.

Arendt, Birte: Laientheoretische Konzeptionen von *Sprache* und *Dialekt* am Beispiel des Niederdeutschen. In: Niederdeutsches Wort 51, 2011, S. 133–162.

Arfken, Ernst: Wie tüchtig ist die plattdeutsche Sprache? In: De Kennung 1/1979, S. 18–23.

Auer, Peter: Sprachliche Heterogenität im Deutschen. Linguistik zwischen Variation, Varietäten und Stil. In: Zeitschrift für Literaturwissenschaft und Linguistik 166, 2012, S. 7–28.

Bellmann, Johann Diedrich: Niederdeutsch als Kirchensprache. In: Cordes, Gerhard/Dieter Möhn (Hrsg.): Handbuch zur niederdeutschen Sprach- und Literaturwissenschaft. Schmidt: Berlin 1983, S. 602–630.

Bellmann, Johann D./Heinrich Kröger (Hrsg.): Sprache, Dialekt und Theologie. Beiträge zur plattdeutschen Verkündigung heute. Vandenhoeck&Ruprecht: Göttingen 1979.

Beneš, Birgit: Wilhelm von Humboldt, Jacob Grimm, August Schleicher. Ein Vergleich ihrer Sprachauffassungen. Keller: Winterthur 1958.

Berg, Guy: „Mir wëlle bleiwe, wat mir sin". Soziolinguistische und sprachtypologische Betrachtungen zur luxemburgischen Mehrsprachigkeit. Niemeyer: Tübingen 1993 (RGL 140).

Borchling, Conrad: Der Einfluß der Reformation auf die niederdeutsche Sprache. In: Jahresgabe der Klaus-Groth-Gesellschaft 21, 1979, S. 111–120 (Erstveröffentlichung Quickborn 11, 1917, S. 2–8).

Bouillon, Heinz: Belgien: offizielle Einsprachigkeit, individuelle Mehrsprachigkeit. In: Eichinger, Ludwig. M./ Albrecht Plewnia (Hrsg.): Das Deutsche und seine Nachbarn. Über Identitäten und Mehrsprachigkeit. Narr: Tübingen 2008, S. 135–155.

Bülow, Lars: Sprachdynamik im Lichte der Evolutionstheorie – Für ein integratives Sprachwandelmodell. Steiner: Stuttgart 2017 (ZDL-Beiheft 166).

Bundesraat för Nedderdüütsch (Hrsg.): Plattdeutsch und Friesisch in Krankenhäusern und Pflege-Einrichtungen. Dokumentation der Konferenz „Das soziale Leben und die Regional- oder Minderheitensprachen" am 27. Juni 2008 in Schleswig. Schuster: Leer 2008 (Schriften des INS 36).

Bußmann, Hadumod (Hrsg.): Lexikon der Sprachwissenschaft. Kröner: Stuttgart 2008.

Campbell, Lyle/M. C. Muntzel: The structure consequences of language death. In: Dorian, N. C. (Hrsg.): Investigating obsolescence. University Press: Cambridge 1989, S. 181–196.

Cherubim Dieter: Historische Sprachvariation: Das Werden der Sprache im Sprachgebrauch. In: Sprachreport 32, Heft 3, 2016, S. 24–33.

De Saussure, Ferdinand: Grundfragen der allgemeinen Sprachwissenschaft. 3. Auflage. De Gruyter: Berlin 2001.

Debus, Friedhelm/ Franz Gustav Kollmann/Uwe Pörksen (Hrsg.): Deutsch als Wissenschaftssprache im 20. Jahrhundert. Vorträge des Internationalen Symposions vom 18./19. Januar 2000. Steiner: Stuttgart 2000 (Abhandlungen Nr. 10 der Geistes- und sozialwissenschaftlichen Klasse der Akademie des Wissenschaften und der Literatur Mainz).

Domaschnew, Anatolij: Deutsch als eine der Verkehrssprachen in Osteuropa – am Beispiel der UdSSR (Russische Föderation). In: Born, Joachim/Gerhard Stickel (Hrsg): Deutsch als Verkehrssprache in Europa. De Gruyter: Berlin/New York 1993, S. 251–261 (Jahrbuch des IdS 1992).

Dor kummt een Schipp. Plattdüütsch Gesangbook, Hrsg. Arbeitsgemeinschaft plattdeutscher Pastoren in Niedersachsen. Missionshandlung: Hermannsburg 1991.

Döring, Detlef: Der Literaturstreit zwischen Leipzig und Zürich in der Mitte des 18. Jahrhunderts. Neue Untersuchungen zu einem alten Thema. In: Lütteken, Anett/ Barbara Mahlmann-Bauer (Hrsg.): Bodmer und Breitinger im Netzwerk der europäischen Aufklärung. Wallstein: Göttingen 2009, S. 60–104.

Durrell, Martin: Standardsprache in England und Deutschland. In: Zeitschrift für germanistische Linguistik (ZGL) 27, Heft 3, 1999, S. 285–308.

Ehlich, Konrad: 18 Thesen zum Deutschen als Wissenschaftssprache für das 21. Jahrhundert. In: Debus, Friedhelm et al. (Hrsg.): Deutsch als Wissenschaftssprache im 20. Jahrhundert. Steiner: Stuttgart 2000, S. 273–275.

Fandrych, Christian: Sprache(n) und Internationalisierung. Zur Rolle der deutschen und englischen Sprache in „Internationalen Studiengängen". In: Alumni-Magazin der Universität Leipzig 2012, S. 11.

Ferguson, C. A.: Diglossia. In: Word 15, 1959, S. 325–340.

Flessner, Axel: Der Rechtsanspruch auf die Landessprache in der Universität. In: Zeitschrift für Rechtspolitik (ZRP) 7, 2015, S. 212–215.

Földes, Csaba: Was ist die deutsche Sprache wert? Fakten und Potenzen. In: Wirkendes Wort 50, 2000, S. 275–296.

Freimund (Pseudonym für Chr. L. Wienbarg): Die plattdeutsche Propaganda und ihre Apostel. Hoffmann und Campe: Hamburg 1860.

Friebertshäuser, Hans: Das hessische Dialektbuch. Beck: München 1987.

Gärtner, Georg-Heinz: Wie viele Amerikanismen verträgt unsere Sprache? In: Der Sprachdienst 43, 1999, S. 24–26.

Gente, H. P. (Hrsg.): J. Stalin, Marxismus und Fragen der Sprachwissenschaft und N. Marr, Über die Entstehung der Sprache. Rogner&Bernhard: München 1968.

Gesangbook för Kark, School un Huus. (Hrsg.) Preesterkrink. Verlag der Fehrs-Gilde: Hamburg-Wellingsbüttel 1953.

Goebl, Hans: Das Korsische oder: Wie entsteht eine neue Sprache? In: Messner, Dieter (Hrsg.): Scripta Romanica Natalica. Zwanzig Jahre Romanistik in Salzburg. Fink: München, 1984, S. 147–165 (Salzburger Romanistische Schriften 10).

Goossens, Jan (Hrsg.): Niederdeutsche Sprache und Literatur. Eine Einführung. Band 1: Sprache. Wachholtz: Neumünster 1973.

Göschel, Joachim/Norbert Nail/Gaston van der Elst (Hrsg.): Zur Theorie des Dialekts. Aufsätze aus 100 Jahren Forschung mit biographischen Anmerkungen zu den Autoren. Steiner: Wiesbaden 1976 (ZDL-Beiheft N.F. 16).

Grimm, Jacob: Rede auf Schiller. Gehalten in der feierlichen Sitzung der Königlichen Akademie der Wissenschaften am 10. November 1859. In: Jacob Grimm: Kleinere Schriften. 1. Band. Dümmler: Berlin 1879, S. 375–399.

Groth, Klaus: Sämtliche Werke II. Hrsg. Braak, Ivo/ Richard Mehlem†. Boyens&Co.: Heide/Holstein 1981.

Groth, Klaus: Sämtliche Werke VI: Über Sprache und Dichtung/ Briefe über Hochdeutsch und Plattdeutsch. Hrsg. Braak, Ivo/Richard Mehlem †. Boyens&Co.: Heide/Holstein 1981, S. 67–137.

Grübel, Klaus: Zum Begriff der Koine(isierung) in der historischen Sprachwissenschaft. In: Schmid, Sarah Dessì et al. (Hrsg.): Koineisierung und Standardisierung in der Romania. 2011, S. 37–64.

Haberl, Annedore (Hrsg.): Liselotte von der Pfalz. Elisabeth Charlotte, Duchesse d' Orléans, Madame. Briefe. o. O.: Hauser und Langewiesche-Brandt 1996.

Haugen, Einar: Dialekt, Sprache, Nation. In: Göschel, Joachim et al. (Hrsg.): Zur Theorie des Dialekts 1976, S. 152–169.

Heeroma, Klaas: 15 Jaar Nedersaksisch Instituut. In: Driemaandelijkse Bladen Nieuwe Serie 21, 1969, S. 3–34.

Hein, Katrin/Ruth M. Mell: Tagungsbericht. In: Zeitschrift für Dialektologie und Linguistik (ZDL) 80, 2013, S. 60–65.

Henne, Helmut: Das Wörterbuch der Grimms. Eine unendliche Geschichte. In: Jahrbuch der Akademie der Wissenschaften zu Göttingen. De Gruyter: Berlin/Boston 2012, S. 225–231.

Herrmann-Winter, Renate: *Frau Apotheker kaufte ihren Hut hochdeutsch*. Prominente über Platt. Hinstorff: Rostock 1989.

Humboldt von, Wilhelm: Ueber das vergleichende Sprachstudium in Beziehung auf die verschiedenen Epochen der Sprachentwicklung. In: Leitzmann, Albert (Hrsg.): Wilhelm von Humboldts Werke. 4. Band: 1820–1822. Behrs: Berlin 1905, S. 1–34.

Ik predige in Platt. Plattdeutsche Predigten aus Niedersachsen. Band 3. Elm-Verlag: Cremlingen o. J.

INS-Institut für niederdeutsche Sprache (Hrsg.): Mehr Rechte für die kleinen Sprachen. Die Sprachendebatte 2004 im Deutschen Bundestag. Schuster: Leer 2004.

Ising, Gerhard: Struktur und Funktion der Sprache in der gesellschaftlichen Entwicklung. In: Ising, Gerhard (Gesamtredaktion): Aktuelle Probleme der sprachlichen Kommunikation. Soziolinguistische Studien in der Deutschen Demokratischen Republik. Akademie-Verlag: Berlin 1974, S. 9–36.

Jespersen, Otto: Progress in Language with special reference to English. Swan Sonnenschein&Co.: London; Macmillan: New York&Co. 1894. New Edition with an Introduction by James D. McCawley. John Benjamins Publishers Comp.: Amsterdam/Philadelphia 1993 (Amsterdam Studies in the Theory and History of Linguistic Science 17).

Jürgens, Carolin: Niederdeutsch im Wandel. Sprachgebrauchswandel und Sprachwahrnehmung in Hamburg. Olms: Hildesheim 2015 (DDG 119).

Kellner, Birgit: Zwischen Anlehnung und Abgrenzung. Orthographische Vereinheitlichung als Problem im Niederdeutschen. Winter: Heidelberg 2002.

Kloss, Heinz: Abstandssprachen und Ausbausprachen. In: Göschel, Joachim et al. (Hrsg.): Zur Theorie des Dialekts 1976, S. 301–322.

Kloss, Heinz: Die Entwicklung neuer germanischer Kultursprachen seit 1800. 2., erweiterte Auflage. Schwann: Düsseldorf 1978 (Sprache der Gegenwart 37).

Knoop, Ulrich: Beschreibungsprinzipien der neueren Sprachgeschichte. Eine kritische Sichtung der sprachwissenschaftlichen, soziologischen, sozialhistorischen und geschichtswissenschaftlichen Begrifflichkeit. In: Germanistische Linguistik 91–92, 1987, S. 11–41.

Koch, Peter/Wulf Oesterreicher: Gesprochene Sprache in der Romania: Französisch, Italienisch, Spanisch. 2., aktualisierte und erweiterte Auflage. De Gruyter: Berlin/New York 2011.

Kremer, Ludger/ Veerle Van Caneghem: Dialektschwund im 20. Jahrhundert. Landeskundliches Institut Westmünsterland: Vreden 2007.

Kremnitz, Georg: Die Durchsetzung der Nationalsprache in Europa. Waxmann: Münster/New York 1997.

Kröger, Heinrich: Pastor Heinrich Hansen (1861–1940). Ein Wegbereiter zur plattdeutschen Verkündigung. In: Nordfriesland. 9. Band, 2. Heft, 1975, S. 61–76.

Kröger, Heinrich (Hrsg.): Plattdüütsche Predigten ut us Tied. Schuster: Leer 1977.

Kröger, Heinrich: Plattdüütsch in de Kark in drei Jahrhunderten. Vier Bände. Lutherisches Verlagshaus/Missionshandlung: Hermannsburg 1996, 1998, 2001, 2006.

Lachmann, Karl (Hrsg.): Gotthold Ephraim Lessings sämtliche Schriften. 2. Band. Göschen. Stuttgart 1886.

Lameli, Alfred: Raumstrukturen im Niederdeutschen. Eine Re-Analyse der Wenkerdaten. In: Niederdeutsches Jahrbuch 139, 2016, S. 131–152.

Lenz, Alexandra N.: Struktur und Dynamik des Substandards. Eine Studie zum Westmitteldeutschen (Wittlich/Eifel). Steiner: Wiesbaden 2003 (ZDL-Beiheft 125).

Lesle, Ulf-Thomas: Plattdeutsch in der Charta – was müssen die Plattdeutschen tun? Symposion an der Carl-von-Ossietzky-Universität Oldenburg im Jubiläumsjahr 1997: 50 Jahre „De Spieker". Isensee: Oldenburg 1997, S. 20–32.

Lindow, Max: Niederdeutsch als evangelische Kirchensprache im 16. und 17. Jahrhundert. Adler: Greifswald 1926.

Lötscher, Andreas: Schweizerdeutsch. Geschichte, Dialekte, Gebrauch. Huber: Frauenfeld/Stuttgart 1983.

Maijala, Minna: Welche Zukunft hat der Unterricht Deutsch als Fremdsprache? Einige Betrachtungen aus finnischer Perspektive. In: Hall, Christopher/Kirsi Pakkanen-Kilpiä (Hrsg.): Deutsche Sprache, deutsche Kultur und finnisch-deutsche Beziehungen. Lang: Frankfurt/M. u.a. 2007, S. 153–164 (Finnische Beiträge zur Germanistik 19).

Maitz, Péter: Sprachvariation, sprachliche Ideologien und Schule. In: Zeitschrift für Dialektologie und Linguistik (ZDL) 82, 2015, S. 206–227.

Marx, Karl/Friedrich Engels: Die deutsche Ideologie. Kritik der neuesten deutschen Philosophie in ihren Repräsentanten Feuerbach, B. Bauer und Stirner, und des deutschen Sozialismus in seinen verschiedenen Propheten (1845/46). In: Karl Marx, Friedrich Engels: Werke. 3. Band. Dietz: Berlin 1969.

Mattheier, Klaus J./Edgar Radtke (Hrsg.): Standardisierung und Destandardisierung europäischer Nationalsprachen. Lang: Frankfurt/M. u. a. 1997 (VarioLingua 1).

Meier, Jürgen/Dieter Möhn (Hrsg.): Spuren der Vergangenheit für die Gegenwart. Hundert niederdeutsche Texte zwischen dem 9. und 17. Jahrhundert. Schuster: Leer 2008.

Menke, Hubertus: Das Niederdeutsche im Kreise der übrigen „weniger gebrauchten Sprachen" (Kleinsprachen) im Geltungsbereich der hochdeutschen Kultursprache. Sprecher-Sprache-Staat Relation. Hrsg.: Die Präsidentin des Schleswig-Holsteinischen Landtages. Ehlers: Kiel 7/92, S. 59–79.

Mocikat, Rolf: Sprache als Instrument der Erkenntnis. In: Unsere Sprache. Beiträge zur Geschichte und Gegenwart der deutschen Sprache. Druckhaus: Köthen 2008, S. 53–58 (Schriftenreihe der Neuen Fruchtbringenden Gesellschaft zu Köthen/Anhalt 1).

Möhn, Dieter: Deutsche Stadt und Niederdeutsche Sprache. In: Niederdeutsches Jahrbuch 96, 1973, S. 111–126.

Neddersassisch Verfaten. Hrsg. Niedersächsisches Ministerium für Wissenschaft und Kultur. Schuster: Leer 2006.

Noordegraaf, Jan: Koloniaal Nederlands in verandering. Afrikaans versus Amerikaans Leeg Duits. In: Neerlandica Wratislaviensia XXIV, 2014, S. 67–91.

Oeter, Stefan: Aus europäischer Sicht: Die Regional- und Minderheitensprachen und ihr Platz in den deutschen Schulsystemen. Bundesraat för Nedderdüütsch (Hrsg.): Mit den Regional- und Minderheitensprachen auf dem Weg nach Europa. Schuster: Leer (2010), S. 34–62 (Schriften des Instituts für niederdeutsche Sprache 43).

Oeter, Stefan: Sprachenvielfalt und Demokratie aus deutscher Sicht. In: Alastair G. H. Walker (Zusammensteller): Sprachenvielfalt und Demokratie in Deutschland. Dokumentation des Berliner Kongresses vom 16.-17. November 2001 in den Landesvertretungen Niedersachsen und Schleswig-Holstein. Verlag European Bureau für Lesser Used Languages: Brüssel 2002, S. 49–75.

Peters, Robert: Überlegungen zu einer Karte des mittelniederdeutschen Sprachraums. In: Niederdeutsches Wort 24, 1984, S. 51–59.

Peters, Robert: Das Mittelniederdeutsche als Sprache der Hanse. In: Ureland, P. Sture (Hrsg.): Sprachkontakt in der Hanse. Aspekte des Sprachvergleichs im Ostsee- und Nordseeraum. Akten des 7. Internationalen Symposions über Sprachkontakte in Europa. Lübeck 1986. Niemeyer: Tübingen 1987, S. 65–88 (Linguistische Arbeiten 191).

Peters, Robert: Die Bedeutung des Niederdeutschen für die deutsche Sprachgeschichte. In: Jahrbuch für germanistische Sprachgeschichte 1, 2010, S. 237–253.

Phillipson, Robert: Linguistic Imperialism. University Press: Oxford 1992.

Pörksen, Uwe (Hrsg.): Die Wissenschaft spricht Englisch? Versuch einer Standortbestimmung. Wallstein: Göttingen 2005.

Posner, Roland (Hrsg.): Warnungen an die ferne Zukunft. Atommüll als Kommunikationsproblem. Raben: München 1990.

Rehder, Peter: Standardsprache. Versuch eines dreistufigen Modells. In: Die Welt der Slawen XL, 1995, S. 352–362.

Révész, G.: Ursprung und Vorgeschichte der Sprache. Francke: Bern 1946.

Rindler Schjerve, Rosita: There is no contact without conflict. In: Weber, Peter J. (ed.): Contact + Confli(c)t. Dümmler: Bonn 1999, S. 1–11 (Plurilingua XXI).

Sanders, Willy: Sachsensprache, Hansesprache, Plattdeutsch. Sprachgeschichtliche Grundzüge des Niederdeutschen. Vandenhoeck&Ruprecht: Göttingen 1982.

Scheuermann, Ulrich: ‚Himmel' im Niedersächsischen Wörterbuch. In: Stellmacher, Dieter (Hrsg.): Niedersächsisches Wörterbuch. Berichte und Mitteilungen aus der Arbeitsstelle. Hausverlag: Göttingen 1998, S. 14–35.

Scheuringer, Hermann: Geschichte der deutschen Rechtschreibung. Ein Überblick. Mit einer Einführung zur Neuregelung ab 1998. Edition Praesens: Wien 1996.

Schilling, Johannes (Hrsg.): Martin Luther. Der Kleine Katechismus in niederdeutscher Sprache. Faksimileausgabe der Hamburger Drucke von 1529. Lutherisches Verlagshaus: Hannover 2000.

Schilling, Jörg/Rainer Täubrich: Belgien. Beck: München 1989 (Beck'sche Reihe 829).

Schleicher, August: Compendium der Vergleichenden Grammatik der Indogermanischen Sprachen. Kurzer Abriss einer Laut- und Formenlehre. Böhlau: Weimar 1871.

Schlieben-Lange, Brigitte: Die Französische Revolution und die Sprache. In: Zeitschrift für Literaturwissenschaft und Linguistik 11, Heft 41, 1981, S. 90–123.

Schlottke, Hartmut/Friedrich W. Michelsen (Hrsg.): Schanne wert – Schanne wert. Plattdeutsche Kommentare bei Radio Bremen. Rautenberg: Leer 1976.

Schmid, Sarah Dessì/Jochen Hafner/Sabine Heine (Hrsg.): Koineisierung und Standardisierung in der Romania. Winter: Heidelberg 2011.

Schmidt, Jürgen Erich/Joachim Herrgen: Sprachdynamik. Eine Einführung in die moderne Regionalsprachenforschung. Schmidt: Berlin 2011 (Grundlagen der Germanistik 49).

Schröder, Ingrid/Michael Elmentaler: „Sprachvariation in Norddeutschland (SiN)". In: Niederdeutsches Jahrbuch 132, 2009, S. 41–68.

Schuchardt, Hugo: Hugo-Schuchardt-Brevier. Ein Vademecum der allgemeinen Sprachwissenschaft. Zusammengestellt und eingeleitet von L. Spitzer. 2. Auflage. Niemeyer: Halle/Saale 1928.

Schuppenhauer, Claus (Bearb.): Niederdeutsch heute. Kenntnisse-Erfahrungen-Meinungen. Schuster: Leer 1976.

Schuppenhauer, Claus: Plattdeutsch als Auftrag. Das Institut für niederdeutsche Sprache. Versuch einer Zwischenbilanz. Schuster: Leer 1994.

Schuppenhauer, Claus: Sind wir auf dem Wege zu einem „anderen" Niederdeutsch? Zu Bedeutung und Wirkung der Europäischen Charta der Regional- oder Minderheitensprachen. In: Michelsen, Friedrich W./Wolfgang Müns/Dirk Römmer/Jürgen Meier (Hrsg.): *Dat 's ditmal allens, wat ik weten do, op 'n anner Mal mehr...* 100 Jahre Quickborn Vereinigung für niederdeutsche Sprache und Literatur e.V. Hamburg. Quickborn-Verlag: Hamburg 2004, S. 344–386.

Schwarz, Monika: Einführung in die Kognitive Linguistik. 2. Auflage. UTB Francke: Tübingen/Basel 1996.

Sheldon, Edward Stevens: Was ist ein Dialekt? In: Göschel, Joachim et al. (Hrsg.): Zur Theorie des Dialekts 1976, S. 30–41.

Sonderegger, Stefan: Grundzüge deutscher Sprachgeschichte. Diachronie des Sprachsystems. Band 1: Einführung-Genealogie-Konstanten. De Gruyter: Berlin 1979.

Stellmacher, Dieter: Studien zur gesprochenen Sprache in Niedersachsen. Eine soziolinguistische Untersuchung. Elwert: Marburg 1977 (DDG 82).

Stellmacher, Dieter: „Klock halvig twölf: Tiet för de Narichten up Platt". Die plattdeutschen Nachrichten von Radio Bremen im Vergleich zu ihren hochdeutschen Vorlagen. In: Der Sprachdienst 22, 1978, S. 185–195.

Stellmacher, Dieter: Niederdeutsch. Formen und Forschungen. Niemeyer: Tübingen 1981 (RGL 31).

Stellmacher, Dieter: Niederdeutsch. In: Hinderling, Robert/ Ludwig M. Eichinger (Hrsg.): Handbuch der mitteleuropäischen Sprachminderheiten. Narr: Tübingen 1996, S. 497–505.

Stellmacher, Dieter: Niederdeutsche Sprache. 2., überarbeitete Auflage. Weidler: Berlin 2000.

Stellmacher, Dieter (Hrsg.): Niedersächsisches Wörterbuch. 6. Band. Wachholtz: Neumünster 2003.

Stellmacher, Dieter (Hrsg.): Zur Wissenschaft vom Niederdeutschen. Beiträge zu einem Fachjubiläum und Dokumentation eines Kapitels germanistischer Fachgeschichte an der Georg-August-Universität Göttingen. Wachholtz: Neumünster 2005 (Name und Wort 16).

Stellmacher, Dieter: Streiflichter zur Rolle der Franzosenzeit in der Geschichte der (nieder-) deutschen Sprache. In: Soltauer Schriften 19, 2013, S. 28–35.

Stellmacher, Dieter: Die Sprachgermanistik der Zukunft wird Dialektologie sein. In: Leuvense Bijdragen 99/100, 2016, S. 373–382.

Stellmacher, Dieter: Warum und wozu gibt es (noch) Dialekte und wie kann mit ihnen umgegangen werden? In: Neuphilologische Mitteilungen 114, 2016/II, S. 419–425.

Van der Horst, Joop: Het einde van de standaardtaal. Een wisseling van Europese taalcultuur. Meulenhoff: Amsterdam 2008.

Van Duyse, Prudens: Nalatenschap van J. F. Willems, Dichten Tooneelstukken. Inleiding, Bydragen en Aenteekeningen van Mr Prudens van Duyse. 's-Gravenhage 1846, S. 41–50.

Veith, Werner H.: Soziolinguistik. Ein Arbeitsbuch mit 104 Abbildungen, Kontrollfragen und Antworten. 2., überarbeitete Auflage. Narr: Tübingen 2005.

Voß, Ernst: Das plattdeutsche Neue Testament für Mecklenburg (1929). In: Bellmann, Johann D./Heinrich Kröger (Hrsg.): Sprache, Dialekt und Theologie 1979, S. 175–186.

Wagener, Peter: Untersuchungen zur Methodologie und Methodik der Dialektologie. Elwert: Marburg 1988 (DDG 86).

Wandruszka, Mario: Die Mehrsprachigkeit des Menschen. dtv: München 1981.

Watzlawick, Paul/Janet H. Beavin/Don D. Jackson: Menschliche Kommunikation. Formen, Störungen, Paradoxien. 4. unveränderte Auflage. Huber: Bern/Stuttgart/Wien 1974.

Weinreich, Uriel: Sprachen in Kontakt. Ergebnisse und Probleme der Zweisprachigkeitsforschung. Beck: München 1977.

Weinrich, Harald: Die Zukunft der deutschen Sprache. In: Die deutsche Sprache der Gegenwart. Vorträge, gehalten auf der Tagung der Joachim-Jungius-Gesellschaft der Wissenschaften, Hamburg am 4. und 5. November 1983. Vandenhoeck&Ruprecht: Göttingen 1984, S. 83–108.

Weiß, Helmut: Von der vier Lebensaltern einer Standardsprache. In: Deutsche Sprache 33, 2005, S. 289–307.

Wienbarg, Christian Ludolf: Soll die plattdeutsche Sprache gepflegt oder ausgerottet werden? Gegen Ersteres und für Letzteres. Hoffmann und Campe: Hamburg 1834.

Willemyns, Roland: Cantat avis quevis, sicut rostrum sibi crevit. Die Rolle der National-, Regional- und Minderheitensprachen bei der Identitätsbildung. In: Eberhard, Winfried/Christian Lübke (Hrsg.): Die Vielfalt Europas. Universitätsverlag: Leipzig 2009, S. 57–64.

Wingender, Monika: Standardsprachlichkeit in der Slavia: Eine Überprüfung des Begriffsapparates. In: Zeitschrift für Slawistik 43, 1998, S. 127–139.

Zehetner, Ludwig: Regionale Sprachidentität im Zeitalter der Globalisierung. In: Heimatkundlicher Arbeitskreis Oberviechtach e. V. (Hrsg.): Zur Situation des Dialekts in Schule und Gesellschaft. Oberviechtacher Heimatkundliche Beiträge 6, 2003 – Themenband. Druck: Forstnes GmbH: Oberviechtach, S. 33–47.

Zeitschrift für Semiotik 6, Heft 3, 1984. Themenheft *Und in alle Ewigkeit… Kommunikation über 10000 Jahre: Wie sagen wir unsern Kindeskindern, wo der Atommüll liegt?*

www.ingramcontent.com/pod-product-compliance
Lightning Source LLC
Chambersburg PA
CBHW061944220426
43662CB00012B/2022